幸せをよぶ

らく家事

完璧をめざさない魔法のエレガントライフ

市川吉恵
Yoshie Ichikawa

はじめに

いつも美しく片づいた部屋、毎日のお料理も手づくりで、お弁当だって可愛く美しく……。子どもの世話も教育も完璧に、夫婦はいつも仲睦まじく……。

すべてに手が抜けないあなた!!　自分で自分を追い込んでいませんか?

「適当」という言葉がありますが、「いい加減」という意味で使われることって多いですよね。でも本来は「程よいぐらい」という意味。なんでも程よく、ソコソコに!と考えると、気持ちがぐっとラクになります。

快適で楽しみの多い暮らしをするために大切なこと――それはがんばらない、無理をしない、一気にやろうとしないことです。

一言でいえば「完璧」を求めないところから、暮らしを楽しむことが始まります。

実はかつての私は「完璧」を求めていました。知らず知らずに絵に描いたような家庭像を追いかけていたのです。それでいて実際には、生来のアバウトな性格からか几帳面なことはできません。

家が片づいていないとなんとなく落ち着かない、でもいつも片づけや掃除に明け暮れるのはイヤ。家族にはおいしい栄養バランスの取れた、見た目にも華やかな食事を提供したい。でも買い物や料理にあまり時間を割きたくない。長年連れ添った夫婦と言えども、どこか新鮮な気持ちを持ち続けたい。でも実際には御多分に洩《も》れずやってきた倦怠期。

理想と現実のギャップに悩む日々でした。そこで「理想と現実は違うもの」と諦めてしまい、日々の暮らしに流されていくというのが常かもしれません。

でも私は、欲張りなのか脳天気なのか、それを解決すべくある秘策を思いつきました。それが「完璧」をめざさない、「七割満足＝大満足」と思うことでした。

掃除やお料理、子育てや家族関係、友だち関係に至るまですべてにそう思えると、だんだんと心にゆとりが生まれ、自然と笑顔になっていったのです。

私が一番めざしていたもの、それは美しい家づくりでも、飛び切りおいしいお料理をつくることでもない。「温かホーム」づくりだったことに気がつきました。

温かホームに一番大切なのは、家族みんなの笑顔です。そしてその源は、家族の中心的存在の主婦の笑顔。主婦がニコニコしていると、やわらかい陽《ひ》がさし込むお部屋にいるように、家の中がぽかぽかと温かい空気で包まれます。

この本では主婦であるあなたが、いつも笑顔でいられるように、ラクに楽しく家事や子育てができる私なりの秘策をお伝えします。

最後のページをめくっていただく頃に、マンネリ化していた家事や育児、人間関係に新鮮な風が吹き込むことを願ってやみません。

目次

Chapter 2

手は抜いても、心は抜かず食卓づくり

Chapter 3

「すべき」を捨てて楽しむ子育て

Chapter 4

「七割満足＝大満足」は魔法の言葉
気持ちがラクになる人間関係

Chapter 1

家族が笑顔になる
居ごこちのいい空間づくり

完璧にキレイな空間では、人は癒されません。
お伝えしたいのは、居ごこちのいい空間をつくること。
家族みんながいつも笑顔でいられるような、
「温かホーム」づくりをめざしましょう。

家族が笑顔になる
居ごこちのいい
空間づくり

Chapter 1

ツボだけ押さえて、細かいところは目をつぶりましょう

私が自宅で「ハウスキーピング」のサロンを始めてから、早いもので二〇年近くが経とうとしています。当時からずっと「エレガント・ハウスキーピング」というサロン名にしていたのですが、私自身、サロンの名前をお伝えするたびに、なんとなくいつも違和感がありました。

なぜそう感じていたのか、その理由が最近ようやくわかりました。

ハウスキーピングをお教えするサロンというと、どこを開けても惚れ惚れするほどキレイに整っている。床には塵一つ落ちていない、そんな完璧に片づいた空間づくりをお教えすることが多いのではないかと思います。

でも、私がお伝えしたいのは完璧にキレイな空間をつくることではなく、居ごこちのよい空間をつくることなのです。

家族みんながいつも笑顔でいられるような、温かなホームをつくることだったので、思いきって、サロン名を「ハウスキーピング」から「ホームメイキング」へと変更しました。家のハード面に焦点を当てたのが「ハウスキーピング」なら、「ホームメイキング」は家の中の温かな空気づくりをめざします。

完璧にキレイな空間では、人は癒されないというのが私の持論です。完璧にキレイにすると、絶対に汚されたくない！と思うのが人間の心理というもの。

すると、帰宅したご主人がちょっとその辺に置いた荷物が気になったり、今キレイにしたところを子どもが汚すと目くじら立てたり……。口うるさい妻、怖い母になってしまいます。

何のために家をキレイにするのか？　それは、みんなが居ごこちよく暮らすため。

一見キレイ、でもよく見るとほこりが……。忙しい日常では、そんなことも有りがちです。でも、時には綿ぼこりが舞っていてもＯＫ！　その綿ぼこりと戯れるぐらいの心の余裕を持ちましょう！と、いつもサロンでお話ししています。

ツボだけ押さえて、他の細かいところは目をつぶる「七割満足＝大満足」でよしとする！

そんなホームメイキングをすることで、家族みんなが居ごこちのよい、笑い声が絶えない楽しい空間をつくることができます。

この章では具体的に場所ごとに、居ごこちのいい空間づくりをご紹介していきます。テーマは、一見、完璧に見える。実は「ざっくりキレイな空間づくり」。

完璧はめざさないけれど、そこにいるだけで癒されて明日へのパワーがみなぎってくる。あなたのお宅をそんなパワースポットにする方法をお伝えできたらと思います。

居ごこちのいい

リビング&ダイニング

隠せるものは、徹底的に隠す。
それが私流。

わが家にいらした方からよくこんなことを訊《き》かれます。

「本当にここで生活しているんですか？」

私は1日のほとんどの時間をこのリビングで過ごしています。

皆様がそのような感想をお持ちになるのは、

生活必需品が目につくところにないからかもしれません。

でも、必要なものはしっかり、一番便利なところに

見えないように隠されています。

1日の大半を過ごす大切な場所〈24時間トレイ〉で散らかし防止

〈24時間トレイ〉の定位置

透明のトレイは「主人の目にも入りやすいように、リビングの出入り口横のサイドテーブルの上に置いています。

毎日届く郵便物や新聞。ダイニングテーブルの上には、ハガキや封書、リビングテーブルには新聞が。そんな状態だと、なんとなく部屋が散らかっているように見えてしまいます。いつも片づいているように見せるには、どうしたらいいのかしら？　そこでひらめいたのが、この〈24時間トレイ〉です。

トレイの中の郵便物は家事がひと段落したら、ゆっくり開封。必要な物と処分する物に仕分けし、主人も帰宅後にトレイをチェック。その日に届いたものはその日のうちに確認します。

このトレイに置いておくのは24時間がタイムリミット。ルールをつくらないと、気がつけばトレイの中が書類の山に！なんてことにもなりかねません。

郵便物や新聞の一時保管場所

〈24 時間トレイ〉は、物を入れていないときには存在感が薄いので、邪魔になりません。A 4サイズの物を使用。

私の仕事机はダイニングテーブル

毎日の家事はもちろん、来客や宅配便の対応など、この部屋でしなければならないことが多いので、仕事もダイニングテーブルでしています。キッチンに移動するのに一番近いところが、私の定席。仕事を始める前に、郵便物をチェックしています。

指定席を決めれば、片づけいらず

スッキリとした部屋を理想とされるのであれば、ごちゃごちゃ感が出てしまう出しっぱなしは避けたいものです。散らかっていると、「片づけなければ」＝「面倒」につながり、ついそのままほうっておくという状態になりかねません。

　私のおすすめは、どんな物でも、〝指定席〟を決めて、使ったら元に戻すこと。そうすれば、面倒な片づけから解放されます。

観ないときはテレビの存在感を消す

▲黒々と大きなテレビは、思いのほか存在感があり、白を基調としたわが家のリビングでは浮いてしまうので、扉付きの収納家具の中に隠しています。仕事を終えた主人が、お気に入りのリクライニングソファに腰を沈め、新聞を読んだり、テレビを観たりしてリラックス。

◀読みかけの新聞は、テレビの下の引き戸の中が指定席。「新聞はどこ？」などと聞かれずにすみます。翌日の新聞が届いたら新聞ストッカーに移します。

ドレッサーは置いていません

お化粧道具と裁縫道具は蓋付きの箱の中に収納。無印良品の収納ケースに入れて、使うときにケースごと移動。お化粧はダイニングテーブルでするので、わが家には場所をとるドレッサーがありません。

リモコンも箱の中に

キッチン横の出窓の上が、リモコン類の指定席。淡いグリーンの箱は、主張しすぎず、飽きのこないところが気に入っています。

やわらかい優しい空間で心を和ませる

インテリアカラーの基本は３色

オフホワイト、グリーン、ゴールドが私の基本色。空間が広く見えるオフホワイトをベースに、無機質になりすぎないようグリーンを加え、差し色としてゴールドを加えています。部屋を広く見せる効果のある鏡のフレームは壁と一体感を持たせたオフホワイト、イスやクッションはグリーン、スタンドライトや花瓶はゴールドづかいの物をセレクト。

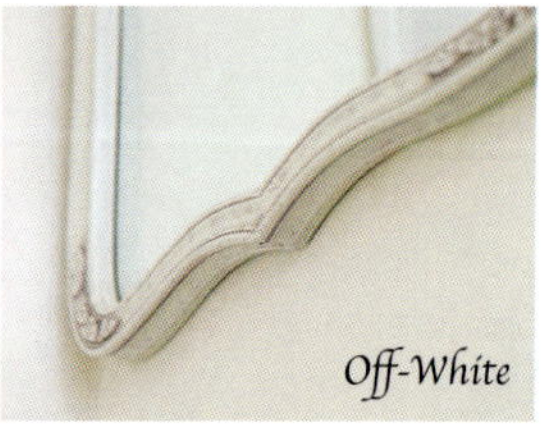

片づけも掃除もしたのに、なんとなくリビングがごちゃごちゃした感じでスッキリしない。そんなお悩みをお持ちの方が、結構多いように思います。

それは色を多用しているからかもしれません。メインカラーのほかに、プラス二色が、私のカラーコーディネートの基本です。これは洋服をコーディネートするときも同様です。

また、カーテンの形によっても、ずいぶんとお部屋の表情が変わります。

カーテンは外の眺めを切り取る額縁です。お宅の窓からの眺めはどんなですか？　もし、どこか隠したいところがあるのならば、その場所をさりげなくレースのカーテンで隠してしまいましょう。

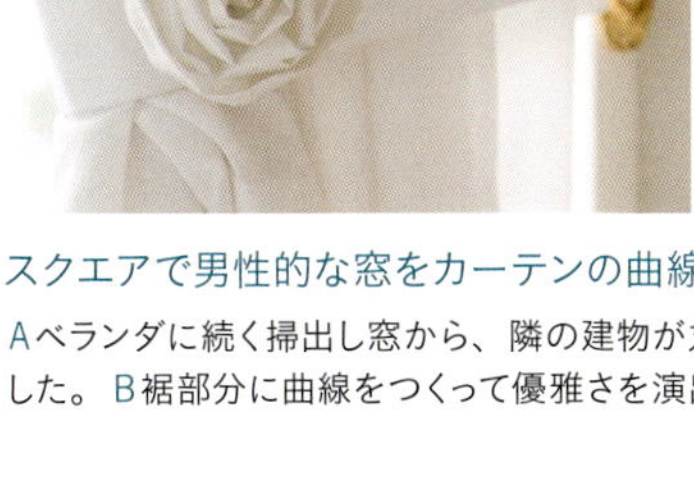

スクエアで男性的な窓をカーテンの曲線で女性的に

Aベランダに続く掃出し窓から、隣の建物が丸見えになるのが気になったので、カーテンの大きな曲線で目隠ししました。B裾部分に曲線をつくって優雅さを演出。Cタッセルのバラでも優しさをプラス。

お手入れ不要。
“造花”で、花のある暮らし

Front

いつもリビングに可愛いお花を絶やさず飾りたい……。誰しも憧れることですよね。でも生花を飾るのはなかなか手間のいること。そこでわが家では手間のかからない造花＝アートフラワーを飾っています。

最近は本物と区別がつかないくらいよくできたものが、たくさん売られているのでおすすめです。

Back

実は花束２つを重ねて置いただけ

テーブルを華やかに彩るお花は、おもてなしに欠かせません。ふいな来客にも、この花束をテーブルの上に置けばセッティング完了という便利さ。

自分でアレンジするのも
とっても楽しい！

After

Before

実は電気コード＆コンセント隠し

▲黒々として目障りなコードは、上に葉っぱのインテリアグリーンを置いて美しく変身。
◀スタンドライトのスイッチは、私がアレンジしたアートフラワーで目隠し。

造花のお掃除 *POINT*

造花のほこり取りには、雛人形用の毛バタキを使ったり、濡らしたティッシュで拭いたりしています。それでも汚れが取れないときは、1本ずつ抜いて、洗って拭いてから元のところに挿し直すのがおすすめ。アレンジメントフラワーは、洗うためにバラバラにしてしまうと、元の形に再生するのが難しくなってしまいます。でも、それほど汚れがつくものではないので、頻繁にほこり取りが必要ということはありません。

ドア掛けリースのアイデア使い

◀玄関ドアを飾るリース。
▲同じリースも、真ん中に天使グッズを置けばコンセント隠しに。

Column

花や緑は癒しのアイテム

ベランダガーデニング

部屋の中では、造花を多用していますが、
ベランダでは花物の植物やハーブも育てています。
アイビーやアロマティカスの鉢の中に挿しているのも造花。
観葉植物がグッとにぎやかになります。

水遣りで造花もキレイに

ビニール製の造花なので、雨を気にすることもなく、また植物の水遣りと造花の汚れ落としが一緒にできるので一石二鳥。

プランターで簡単に育つハーブの数々。パセリやミントなど、料理の引き立て役に、いつでも使えて便利です。

リビング＆ダイニング
美キープ *POINT*

— 1 —

隠せる物は、徹底的に隠せば
生活感が出ません。

— 2 —

どんな物でも、指定席を決めて
使ったら元に戻しましょう。

— 3 —

インテリアの基本色は３色までとすれば
スッキリ感が出せます。

— 4 —

花のある暮らしの実践には
生花よりも、造花が便利！

— 5 —

時には、綿ぼこりと戯れるぐらい
気持ちに余裕を持ちましょう。

効率的で動きに無駄が出ない

キッチン

生活臭を感じさせないスッキリ空間を意識。

わが家のキッチンはフルオープンなので、どこからでも丸見え。
「本当に使っているのですか？」
なんて訊《き》かれることもしばしばです。
もちろんこのキッチンで、おもてなしサロンでの大人数の下ごしらえも、
毎日の食事もつくっています。
スッキリ見えるのは、キレイなものだけ出して、
他は仕舞うというルールを、ここでも徹底しているからかもしれません。

水切りカゴ、三角コーナー、洗いおけ不要！

キッチンには、水切りカゴや三角コーナー、洗いおけがあって当然……。でも、本当に必要でしょうか？

水切りカゴは意外と大きいので収納スペースが確保できずに、その場に置きっぱなしに。そうなると水垢もたまるし、こまめに洗うのも面倒ですね。

いつも生ゴミとご対面する三角コーナーや、シンクの中で場所を占めて〝美しくない物代表格〟の洗いおけ。これをキッチンから追放してみてはいかがでしょう？　汚れた食器はシンクに置いて、軽く水をかけておけば、スポンジでさっと汚れが落ちるので、洗いおけ要《い》らずに！　固定観念を捨てることが、快適な生活への近道です。

水切り吸収マットを乾かして→丸めて→収納

食器を洗うときだけ調理台に出して使います。丸めて収納できるので、隙間を有効活用。

水切り吸収マットの
おすすめ *POINT*

- クッション性が高いので、食器を破損から守る。
- 場所をとらない。

レジ袋がゴミ入れに

料理中に出るゴミは、レジ袋の中に。引き出しにレジ袋を挟み込んで、即席ゴミ入れの出来上がり。

スーパーのレジ袋は畳んで保存。
ゴミ袋として再利用。

布巾いらず。キッチンペーパー徹底使い

布巾は、大きな食器や
鍋などを拭くとき以外は、
ほとんど使っていません！

その理由

- 布巾につく雑菌が気になる。
- かけている様が美しくない。

⇓

ちょっと厚手の
キッチンペーパーを、
とことん使えば
もったいなくない！

キッチンペーパーは
すぐに取り出せるところに

ペーパーホルダー不要

キッチンペーパーはシンク下の引き出しに収納。斜めに立てかけたまな板の隙間にピッタリ収まっているので、ペーパーホルダーにセットする必要がありません。

ムダなく使えば、経済的！

器を拭く

水はねを拭く

●雑巾として床を拭いてゴミ箱へ

水切りマットでざっと乾いたら、食器入れに戻すために、布巾として使用。次にシンク周りの水はねを拭いてから、最後に雑巾として床を拭いています。

まな板も、洗って乾かしたら、即、収納

水切り→乾燥→収納

使ったまな板は、水栓に立てかけて水切り。まな板立てに立てて、しっかり乾かしたら、引き出しに収納。

料理のテンションが上がる、お気に入りの3点セット

まな板立て、キッチンツール立て、立つしゃもじは、すべてフランフランで購入。可愛いキッチンアイテムで気分が盛り上がります。

ゴミ箱、炊飯器、トースターも見えないところに

ごちゃごちゃ BOX

散らかりやすいハンドクリーム、目薬、リップクリーム、メガネなど細々とした日用品をまとめて入れています。これで家事台の上もスッキリ。

使用頻度の低い家電は
キッチンになくても OK！

わが家では、炊飯器でごはんを炊いたら、一膳分ずつラップに包んで冷凍保存しています。毎日使う物ではないので、トースターと一緒にキッチン奥の家事室に収納。ゴミ箱も見えないところに隠しています。

デッドスペースには吊り戸棚を設置

突っ張り棒は美しくない

デッドスペースの有効活用として突っ張り棒が重宝されていますが、どうしても雑然とした感じがありますし、置く物の重量に気をつけたりしなければならないので、私は冷蔵庫と洗濯機の上に吊り戸棚を設置しました。

洗濯機上　こちらは手が届く高さに設置したので、洗剤や柔軟剤などを入れています。

冷蔵庫上　冷蔵庫の上もつい物を置きがちに。雑然とさせたくなかったので収納棚を設置。冷蔵庫上は高さがあるので出し入れが不便。そこで1年に1度しか使わないハロウィングッズなど、たまに使う物だけを収納しています。

キッチンで仕舞わない物

ドイツの食器ブランド・ビレロイ&ボッホのクッキージャーを小麦粉入れとして使っています。この絵柄を見ているだけで心が和むお気に入りの品なので、これは仕舞わずに見せるアイテムにしています。

限られたスペースに、取り出しやすく収納

キッチンでは、なるべく無駄のない動きができるようにするということを第一に考えました。
食器やカトラリー、保存食材はすべて❶〜❸の収納棚に、鍋や調味料は❹に。必要な物をすぐに取り出せるように、手の届く範囲内にすべて収納。

Area ❶

丈夫で長持ちだから経済的

ワイヤー式で必要に応じスタッキングもできる便利品。30年以上も使っている丈夫で長持ちしている優れ物。

安定感抜群の収納ラック

左右の幅に合わせて伸縮するラック。フォルムの美しさに惹かれて、ディノスで購入して使い続けている品。伸ばしたときでもラックがぐらつかないので安心。

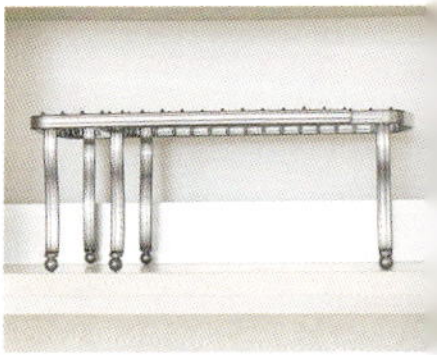

Area 2

食器棚シートは使っていません

よく使うお皿やカトラリーは奥の物まで取り出しやすい引き戸の中に収納。食器棚シートを敷くと、取り替えるときに中の物を出さなければならず、面倒なので使っていません。重ねて収納できるジップロックは、コンパクトに収納できて便利。バラバラになりやすい蓋は箱の中にまとめて保管。

Area 3

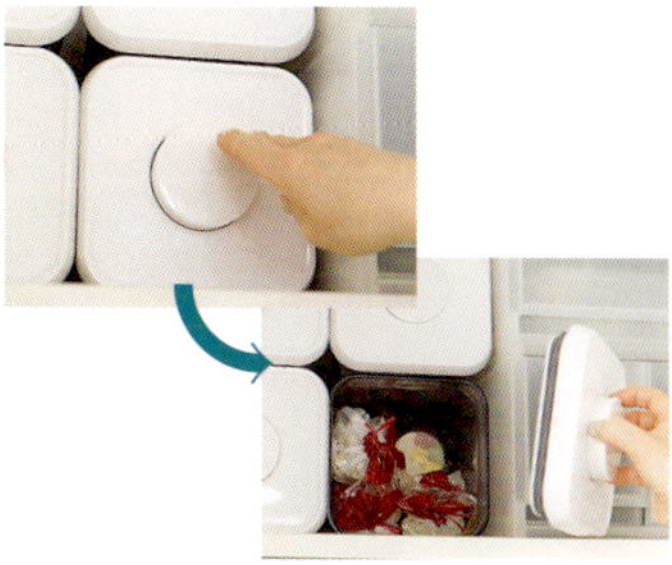

パスタケースの横置きで収納場所に困らない

ケースの蓋の真ん中のボタンを押すと、ボタンが飛び出し、蓋が取れます。そのまま中の物が取り出せる便利さ。パスタだけではなく、うどんやそうめんも保管。

夫の頭文字を取って名づけた〈K's box〉

お菓子好きの主人の宝箱。かさばる袋菓子は2箱の〈K's box〉の中に入るだけにして、スペースが空いた分だけ買い足すようにしています。中のケースは取り外しがきくので、食べるときにケースごと移動させ、食べ終わったら元に戻します。

保存食材はケースに入れて収納

外からでも中身が確認できて、スタッキングもできる半透明のボックスは無印良品の物。奥の物も取り出しやすい引き出し式が便利。白い蓋のついた四角いケースはオクソー社のパスタボックス。

Area ❹

フライパンひとつで調理

フライパンや鍋はシンク下の引き戸に収納。内径28センチのフライパンで、ほとんどの料理をつくります。煮物や炒め物、野菜を茹でたりするのにも使っているので、このフライパン以外に使う鍋は、お味噌汁用の小ぶりの物とシチュー鍋だけです。フライパンの蓋が透明なので、中の状態が見やすいところが気に入っています。

料理中にすぐに取り出せるところに調味料を

◀調味料は調理用コンロや調理台から一番近い引き戸に収納。
▼キッチン掃除用品も、シンクには置かずに、すぐに取り出せるところに収納しています。

見せても恥ずかしくない、見せたくなる

冷蔵庫

ジャンル別トレイ収納で整理整頓。

冷蔵庫がごちゃごちゃしない整理法をご紹介します。
私は、まず開けたときに、自分の目線で一番見やすいところに、
すぐに食べたほうがいいものや作りおきおかずを入れ、
その上にパン食用のスプレッド類、
上は見にくいのでお味噌など賞味期限の長い物を。
ジャンル別に入れておくと何がどこにあるか頭に入っているので、
探す手間が省けてすぐに調理に取りかかれます。

冷蔵庫トレイの4つの利点

❶トレイを引き出せば、奥の物が取り出しやすく、食べ忘れ防止に。

❷トレイの中で液だれなどしても、広範囲に広がることがないので、掃除がラク。

❸ジャンル別に入れることで、探す手間が省けるので食事の支度が速くなる。

❹ゼリーやサラダ、戴き物のケーキなどを冷やしたいときに、トレイごと取り出してスペースをつくることができる。

A

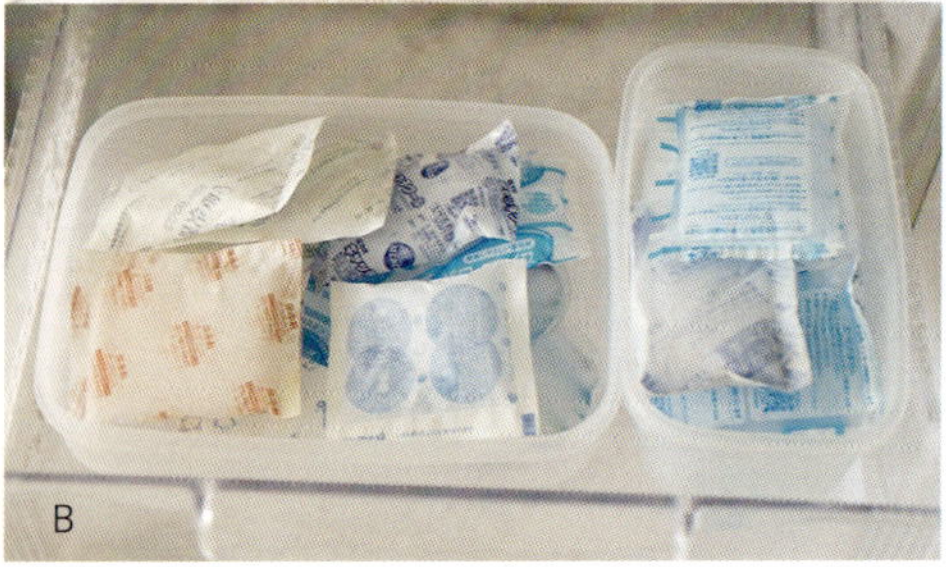

B

出し入れが簡単なことが
収納の大事なポイント

A冷凍食品は書類ケースに立てて保存。食品名がわかりやすく取り出しやすいのでおすすめです。マイナス18℃の冷凍庫で、割れることもなく20年以上愛用しています。 Bたまりやすい保冷剤は必要量を決め、入らない物は破棄しています。

Column

野菜を冷蔵庫で新鮮&長持ちさせるコツ

栄養バランスのとれた食生活に欠かせないのが野菜ですが、
買っても食べきれずに結局、廃棄ということも多いのでは。
ちょっとしたコツで、ぐっと長持ちする方法をご紹介します。

パセリ&シソ

水洗いをしたら、軽く水を切ってポリ袋の中へ。葉っぱの水がポリ袋の角に溜まるので、写真左下の長ネギの保存と同様に、ペットボトルの上半分をカットした容器などに立てて保存。

長ネギ

青い部分と白い部分は料理の用途が別なので、カットし、ポリ袋に入れて立てて保存。使うときに洗います。

ベリーリーフ

洗ってから水切りをし、ポリ袋の中にキッチンペーパーをセットしてベビーリーフを入れて保存。

レタス（キャベツや白菜も同様に保存できます）

❶レタスの芯に包丁の先を刺し、十文字に切り込みを入れる。

❷切り込みに約10秒間水を含ませる。

❸水が中まで浸透するようにそのまま置く。

❹余分な水気をきる。

❺芯を下にして、ポリ袋に入れて保存。

忘れ物撲滅

玄関

玄関は第一印象を左右するその家の顔。

「行ってきま～す」と言って、玄関を出てから忘れ物発見！
出かけるときに何かと忘れ物の多い私ですが、
外で必要な物や玄関で使う物をコンソールテーブルに
入れることで、かなり改善されました。
もしこの収納がなかったら……、
4～5回は出たり入ったりを繰り返していることでしょう。

出かける際に必要な物を引き出しの中に

外出先から戻ったら、バッグの中のお財布やカードケース、鍵などをコンソールテーブルの引き出しの中へ。出かけるときは、ここから取り出してバッグの中に入れているので、うっかり忘れが防止できます。他にも宅配便の受け取りに必要な印鑑や小銭などを入れています。

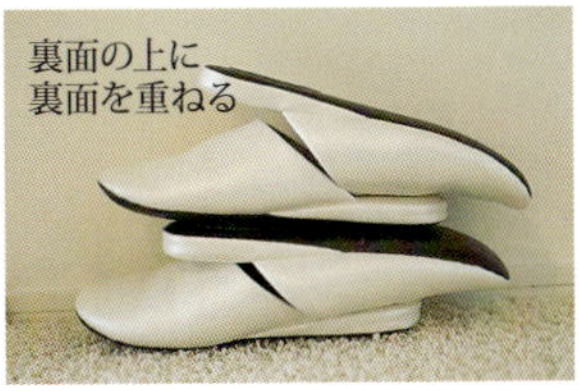

傘収納はブックエンドとトレイを使って

傘が倒れないように下をブックエンドで止めています。お客様用のオシャレな傘立ては別に置いています。

靴＆スリッパ収納術

靴の量が２倍収納できるディノスのシューズホルダーが便利。またレッスンをしているので生徒さん用のスリッパの数が多くなります。上の写真のように表面を重ねると衛生的で、なおかつ収納量もアップします。

1日の疲れを癒す安眠空間

寝室

部屋を広く、明るく見せるためのベース色は、「白」。

心休まる空間の中で眠りにつけば、疲れがとれて、
明日へのエネルギーもわいてきます。
１日の３分の１近くの時間を過ごす寝室って、
どなたにとっても、とても大切な場所ですよね。
そんな寝室を快適にするためのインテリアは
淡い色を選ぶのがおすすめです。
強烈な色に囲まれていると、心も体も
なかなか休まりません。

壁紙

ベッド
カバー

部屋全体の色とテイストを統一

清潔感や狭い空間を広く見せる効果のある「白」にこだわりました。壁紙に合わせて、似た雰囲気のベッドカバーはカーテン生地と同じ物でつくりました。

狭い部屋を広く見せる鏡づかい

決して広くない寝室を、少しでも広く見せるために鏡を掛けています。私の身長よりも高い所に設置しているので、姿や顔が映ることはありません。

仏壇に見えない仏壇

意外と頭を悩ませるのが、仏壇ではないでしょうか。日本古来の仏壇は、黒々としてわが家では存在感がありすぎるので、部屋の中で浮かないように、自らデザインをして造ってもらいました。

湿気を完全シャットアウト

水まわり

水はねをほうっておかない、すぐ拭きとる習慣を。

洗面所やお風呂場などは意識しないと、いつも濡れている状態になってしまいます。気がついたときには水シミや水垢が……。そんなお悩みを救ってくれるのが、１枚の使い古しのタオル。使ったときに手近に置いてあるタオルでス〜っとひと拭き。この小さな作業をするだけで、いつも快適な水まわりになります。

Area 3

ボディタオルとバスタオルは丸めて収納

タオルは丸めて収納したほうが取り出しやすい。タオルの上の棚には下着を収納。お風呂上りにバスタオルのまま移動ということがなくなります。

Area 2

洗濯物は即、洗濯かごへ

洗濯かごを洗面台の下に設置。脱衣所で脱いだ洗濯物を、そのまま洗濯かごへ。

Area 1

大きさが不ぞろいな物はケースに仕分け

洗面道具や基礎化粧品などは、小物ケースに入れて収納。ケースごと取り出して使い終わったらまた元の場所に。

A

B

見える物はオシャレな物に

A 隠せる物は隠す主義の私ですが、頻繁に使うトイレブラシは出ていたほうが便利。そこで出していてもステキな物をセレクトしました。B 洗面台やトイレの手洗い台にハンディタオルを常備。手洗いの際の水はねを、そのつど拭き取るために置いています。

光る物は、光らせる

ステンレスや金属性のもともと光る素材の物が、ピカピカ光っているとキレイな印象を与えます。気づいたときに乾いた布でさっとひと拭きするだけで、キレイな状態が続きます。

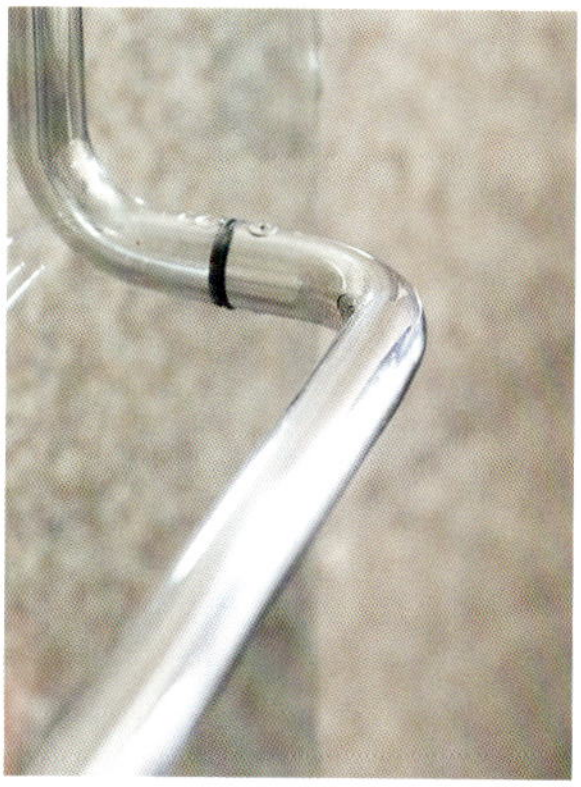

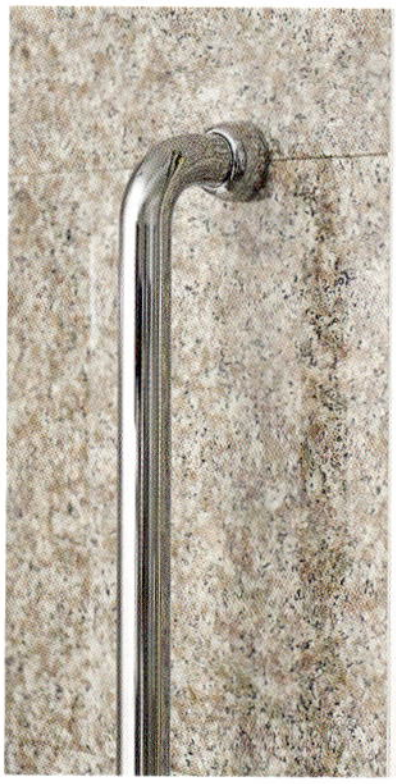

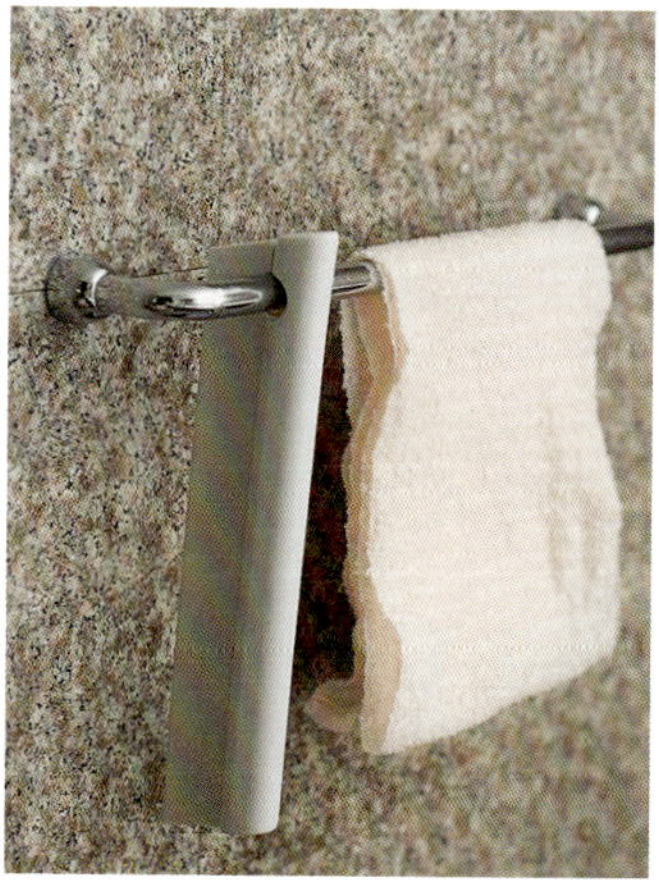

お風呂掃除用具は、ボディタオルと、スクイージー＆古いバスタオルだけ

私はお風呂上りに、バスタブの水垢や、バスチェア、洗面器をボディタオルでひとなでします。毎日するので、これだけで十分キレイになります。壁面やガラス戸はスクイージーと古くなったバスタオルで水気を取っています。

キッチン&水まわり

美キープ POINT

— 1 —

キッチンでも、キレイな物だけ出して、
他は仕舞うというルールを徹底。

— 2 —

水切りカゴ、三角コーナー、洗いおけ不要!
固定観念を捨てましょう。

— 3 —

使う物を使う場所の近くに置くと、
料理中に無駄な動きをしないで済みます。

— 4 —

冷蔵庫の中をごちゃごちゃさせないために
ジャンル別トレイに入れて整理整頓。

— 5 —

水はねは、「すぐに拭き取る」を
習慣にすれば、いつもキレイに。

Column

気合のお掃除
3点セット

洗面台やトイレの中のカウンターに置いたハンディタオルだけでは
カバーできない頑固な汚れを見つけることがあります。
そんなときに出動するのがこの＜気合の３点セット＞です。

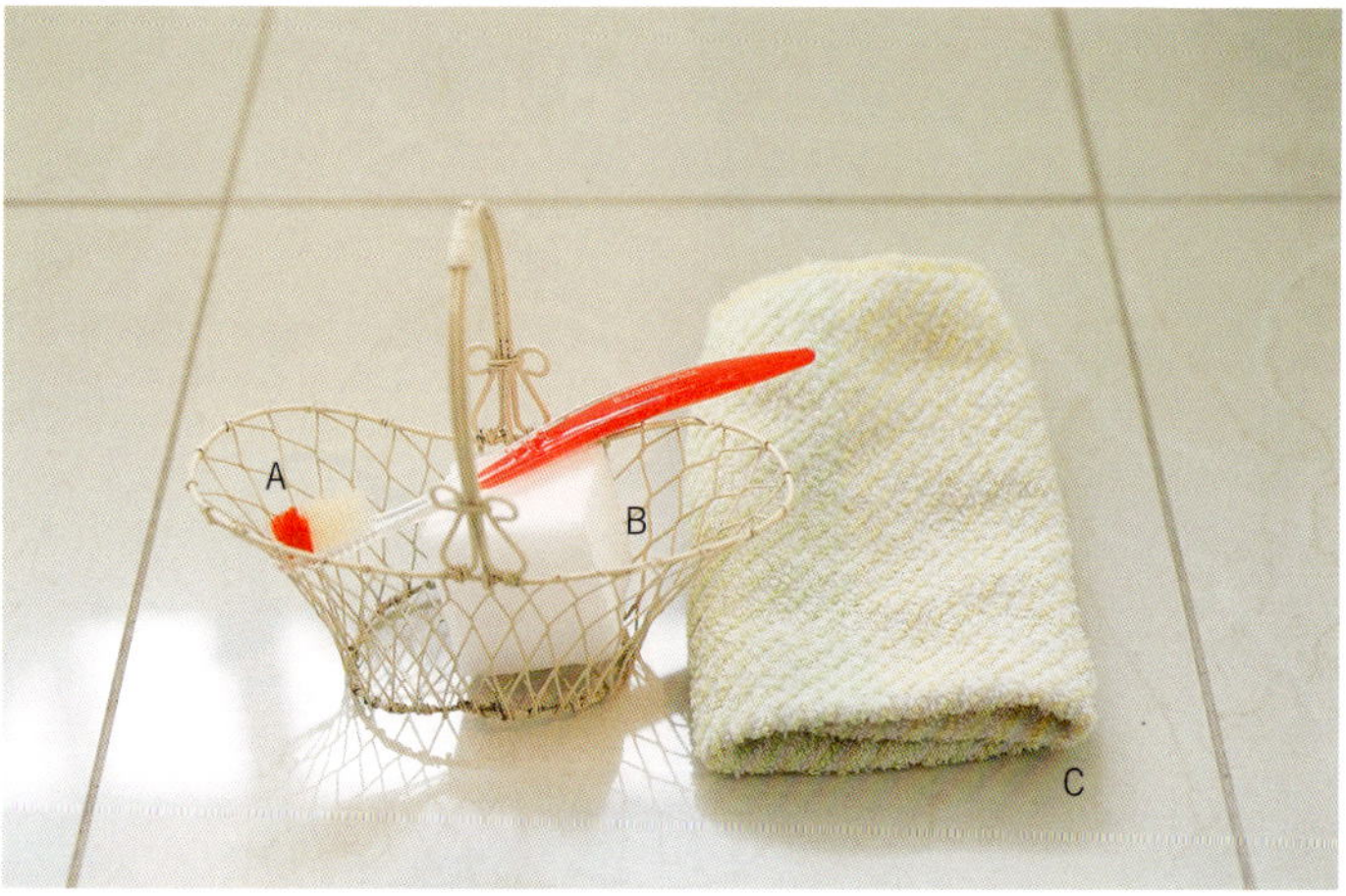

Ａ蛇口の周りや洗面所の排水溝周りなどにこびりついた黒い輪っか。こんな汚れをさっと取るのに大活躍するのが、使い古しの「歯ブラシ」。こするだけで、あっという間にキレイになってピカピカ光り出します。
Ｂ洗面所の鏡に何やら白い点々が！！　歯磨きのときに飛び散った歯磨き粉がそのままこびりついていることがよくありますよね。そんなときには、この「メラニンスポンジ」を濡らしてさっとこすれば、すぐにキレイに！　キッチンカウンターが何となくざらざらした感じのときにも、メラニンスポンジでひと拭きすればすっきりキレイになります。
Ｃただし、拭いたあとは乾いた「ハンディタオル」で吹き上げることをお忘れなく。

Chapter 2

手は抜いても、心は抜かず
食卓づくり

忙しい主婦にとって、毎日毎日、
手の込んだ料理をつくるのは無理というもの。
でも、家族みんなと笑顔で食卓を囲みたい。
そんなあなたに、かんたんにつくれて
おいしいお助けレシピをご紹介します。

手は抜いても、
心は抜かず
食卓づくり

Chapter 2

手抜き料理でも「おいしい!」と言われるコツ

三度三度の食事にお弁当づくり。たまには手を抜きたい、今日はつくりたくない！と思う日だって当然ありますよね。

そんなときは、テレビを観て楽しそうにくつろいでいる家族にだんだん腹が立ち、「なんで私だけ……」と、思いながら仏頂面してご飯をつくることに。

でも、無理して食事の支度をするよりも、買ってきたお弁当を笑顔とともに、「ママ、今日は疲れちゃって……、このお弁当すごくおいしそうだったから、買ってみたの!! ピクニックみたいね♪」と、楽し気な言葉を添えてテーブルに並べたほうが、よほど家の中に温かな空気が流れるというもの。食卓の雰囲気がよかったら、そこそこのお料理だって、きっとおいしいと感じられるはずです。

とはいっても、いつもいつも買ってきた物で済ます、というわけにもいきません。

手間も時間もかからずにすぐにできて、しかも家族みんなが笑顔になる、そんなお料理ってないものかしら？ そこで、私の四〇年近くになる主婦経験から思いついたのが、これからご紹介するお料理です。どれもかんたんにできてしまうレシピばかりです。

毎日のお食事で一番大切なことは、食卓を囲んだ家族が思わず笑顔になれること。最近では家族全員が一度に食卓を囲むということが少なくなってしまいました。

毎日は無理でも、週に一回でもみんなで食卓を囲んで、楽しく食事をする。きっとそれは体の栄養だけではなく、心にもたくさんの栄養を与えてくれることでしょう。

「おいしい！」と言われる3つのコツ

❶ 器選び

それぞれのお料理を引き立ててくれる器を選びましょう。とはいえ、収納場所などを考えると、そんなにたくさんの器を揃えるわけにもいきません。そこでわが家では、ほとんどの器の色を白にしています。白い食器はどんなお料理の色とも、けんかすることなくわき役になって引き立ててくれるからです。

❷ 盛りつけ

同じものでも盛りつけ次第で、おいしそうにもまずそうにも見えてしまいます。

- グリーンを上手に使う

お皿の中にグリーンがあるだけで、全体がしまって色鮮やかに見えます。

- 高低差をつける

1枚のお皿の上にグラスや小鉢で高低差をつけましょう。

❸ ママの笑顔

同じお料理を食べても「おいしい」と感じるときと、「おいしくない」と思うときってありますよね。いつも楽しい雰囲気でお食事ができたら、料理が得意じゃなくても、少々味つけに失敗しても、「ママのお料理は最高」と家族に思ってもらえるはず。わが家の味を思うとき、いつもそこにはママの笑顔が一緒にある。それが「おいしい！」と言われる一番のコツなのかもしれません。

主婦の味方「作りおきおかず」

冷蔵庫にいつも「作りおきおかず」があったら、どんなに便利かしら？　とは思うものの、それをつくるために何時間もキッチンに立つのはイヤ。なんとか時間や手間をかけずに、ラクができるようなものってないかしら……、と考えて思いついたのがこれからご紹介する四つの「作りおきおかず」です。

作りおきおかずは飽きると思う方もいることでしょう。そのままで食べ続けていたら、確かに飽きるので、私はアレンジ料理をつくっています。

手間いらずのこの四品、つくっておくと、あっという間にいろいろなものに変身できる優れものです。

何かと忙しい主婦の強い味方、毎日のお食事づくりやお弁当づくりにきっとお役に立つことと思います。

私の料理に欠かせないハーブ

見た目がちょっと地味だと思うお料理に彩りを添えたいときにピッタリなのが、付けあわせのハーブです。そのために、いつでも必要なときに、必要なだけ収穫できるように、ベランダで育てています。付けあわせの定番、パセリのほかにも、ミントやタイム、ローズマリーなど、ひと工夫の盛りつけには欠かせません。

この章でご紹介するお肉や魚料理、トースト、デザートなどにも、ふんだんに使っています。

※本書の計量の単位は、大さじ1＝15ml、小さじ1＝5ml です。

ジップロック保存

作りおきおかずの保存にはジップロックを使っています。ラップいらず、本体を重ねて収納できるので場所を取らないところが気にいっています。

茹で
ほうれん草
レシピ

鉄分が豊富なほうれん草は積極的に摂りたいものです。
茹でるのに、お湯は必要ありません。

フライパンでつくる

「茹でほうれん草」

作り方

❶ほうれん草2束を洗い、軽く水を切る。
❷冷たいままのフライパンに❶の半量ずつを交互に置き、蓋をする。
❸中火で5分ほど加熱し、ほうれん草がしんなりしてきたら蓋を開け、菜箸で上下を返してから全体を混ぜる（約1分）。
❹火が通ったら冷水でさらして色止めし、適当な大きさに切って水けを切り、密閉容器に入れて保存する。

カラフル和え

さっぱり味で、色鮮やか。
思わず箸も進みます。

材料（4人分）

茹でほうれん草…1束
スクランブルエッグ
…卵1個、砂糖と塩は適宜
カニかまぼこ…4本
出汁…40cc
（市販の出汁袋を使う）
ごま…適宜
しょうゆ…適宜

作り方

1. フライパンにサラダ油を引き、スクランブルエッグをつくる。カニかまぼこは裂いておく。
2. ボウルにすべての材料を入れて混ぜる。お好みでしょうゆを足す。

茹でほうれん草に、
調味料を加えて和えるだけ。
絶品おつまみに。

生ハムロール２種

《洋風生ハムロール》

材料（5～6本分）

茹でほうれん草…1/2束
オリーブオイル…少々
おろしにんにく（チューブ入りのもの）…少々
生ハム…5～6枚
金箔（お好みで）…適宜

作り方

❶オリーブオイルにすりおろしにんにくを混ぜ、茹でほうれん草と和える。
❷❶の適量を生ハムにのせ、くるくると巻く。

《和風生ハムロール》

材料（5～6本分）

茹でほうれん草…1/2束
ごま油…適宜
生ハム…5～6枚
金箔（お好みで）…適宜

作り方

❶茹でほうれん草にごま油を混ぜ、それを生ハムで巻く。

ドライマンゴーの甘味と
ベーコンの塩味が、
絶妙なおいしさ。

カリカリベーコン和え

材料（4人分）

茹でほうれん草…1束
ベーコン…2～3枚
米酢…大さじ2
クルミ…大さじ1
ドライマンゴー…3～4枚
しょうゆ…少々

作り方

❶ベーコンを1cm幅に切り、熱したフライパンに入れてカリカリになるまでよく炒め、そこへ酢を入れてすぐに蓋をする。
❷ボウルにほうれん草を入れ、そこに❶を加え、砕いたクルミ、細く切ったドライマンゴーを入れてよく混ぜ、お好みでしょうゆを足す。

牛肉の佃煮 レシピ

母から私に受け継がれたわが家の定番料理。
佃煮がかんたんにつくれる。副菜やお弁当にも便利な一品。

牛肉の佃煮

温かごはんにたっぷりのせたり、
おかずやお弁当にも便利な一品。

材料

牛肉の切り落とし肉…500 g
牛脂（またはサラダ油）…適宜
酒…大さじ2
みりん…大さじ1
砂糖…大さじ1
しょうゆ…大さじ3
＊味つけは、すき焼きのたれ（割り下）でもOKです。

作り方

❶フライパンに牛脂（またはサラダ油）を入れて熱し、そこへ切り落とし肉を入れる。
❷❶の肉をバラバラにほぐすために酒を振りかける（A）。
❸❷の色が変わってきたら、みりん、砂糖、しょうゆの順に入れ、汁気がなくなるまで煮詰める。

A

カラフル牛丼

野菜をたっぷり加えて、
バランスアップ。

材料（2～3人分）

牛肉の佃煮…140ｇ
タマネギ…1/2個
ピーマン（小）…1個
パプリカ（赤）…1/3個
エリンギ…1本
サラダ油…適宜
しょうゆ…小さじ2
塩、こしょう…適宜
ごはん…適宜

作り方

❶タマネギをスライスし、ピーマン、パプリカはそれぞれ5㎜幅くらいの細切りに、エリンギは薄切りにする。
❷フライパンにサラダ油を引き、タマネギ、エリンギ、パプリカとピーマンの順に炒め、牛肉の佃煮を加えて、しょうゆ、塩、こしょうで味を調える。

｜おすすめPOINT｜

牛肉のうま味が、ピーマンの苦味をやわらげます。お子さんにもおすすめです。

スコップコロッケ

スプーンですくって食べるコロッケは、
わが家の人気メニュー。揚げないからとってもヘルシー。

材料（4人分）

牛肉の佃煮…150 g
ジャガイモ…大3個（400 g）
タマネギ…1/3個
マッシュルーム…大3個
サラダ油…大さじ1
塩、こしょう…適宜　パン粉…適宜
しょうゆ（お好みで）…適宜

作り方

❶ジャガイモを一口サイズに切り、ひたひたの水を入れて茹でる。竹串が通るぐらいになったら、湯を捨て、中火にかけて水分をとばす。
❷❶を潰し、マッシュポテトに。
❸フライパンにサラダ油を引き、みじん切りにしたタマネギ、薄切りにしたマッシュルームの順に入れて炒める。
❹❸に火が通ったら、牛肉の佃煮を食べやすい大きさに切って入れ、軽く温める程度に火を通す。味を確認して、お好みでしょうゆを加え、❷の中に入れてしっかり混ぜ、塩、こしょうで味を調える。
❺❹をキャセロールなどの耐熱の器に入れ、上からパン粉を振る（A）。250度に予熱したオーブンで焼き目がつくまで15分ほど焼く（B）。

A

B

牛肉の柳川風

うまみたっぷりの牛肉とゴボウ、インゲンに
豆腐を加えたボリューム満点おかず。

材料（4人分）

牛肉の佃煮…120 g
ゴボウ…2本
木綿豆腐…1丁　※焼き豆腐でも島豆腐でもOK
インゲン…1パック（約100g）
　しょうゆ…大さじ1
砂糖…大さじ1/2
ごま油…適宜
しょうゆ…風味づけに少々

作り方

❶ゴボウをピーラーでささがきにする。
❷インゲンはさっと茹で、水にさらして色止めをし、斜め細切りにする。
❸フライパンにごま油を引き、そこへゴボウを入れて炒める。火が通ったら砂糖、しょうゆを加えて味つけする。
❹❸に牛肉の佃煮と、大きめに切った豆腐を加えて混ぜる。味を見てごま油、しょうゆを足し、彩りにインゲンを散らす。

| おすすめPOINT |

牛肉とゴボウは相性ピッタリ。甘辛味は冷めてもおいしいので、
お弁当にも喜ばれる一品です。

牛肉の巣ごもり風

とろける半熟卵にジャガイモと
牛肉が絶妙にからむ。

材料（3～4人分）

牛肉の佃煮…100 g
ジャガイモ…3個
バター…10 g
卵…1個
塩、こしょう…適宜

作り方

❶ジャガイモを粗目の千切りにする。
❷温めたフライパンにバターを入れ、そこへ❶を入れて少し焼き目がつくようにあまりいじらずに炒める。ジャガイモに軽く焼き目がつき、竹串がすっと通るようになったら、牛肉の佃煮を入れ塩、こしょうで味を調える。
❸❷の中心を丸く広げ、そこへ卵を割り入れて黄身が中心になるようにする。蓋をして卵が好みの硬さになったら火を止める。

ビタミンB_1を多く含み、疲労回復やストレスを緩和する豚肉。
煮汁もスープに活用できる優れもの。

煮豚＆煮汁
レシピ

煮豚のまんま

辛子しょうゆで、さっぱり美味。
まずはそのままどうぞ。

材料（1人分）

豚肩ロース…400 gぐらい ×2 塊
長ネギ（青い部分）…3 ～ 4 本分
ショウガ（皮つきのまま）…1 塊
水…適宜

煮汁はスープとして活用するので、豚肉から出るアクはていねいに取り除きましょう。

作り方

①大鍋に豚肉を入れ、そこへぶつ切りにした長ネギ、皮つきのままざっくりとスライスしたショウガを入れ、ひたひたになるくらいの水を加える。最初は強火で、沸騰したら中火から弱火にして、豚肉にしっかり火が通るまでコトコト煮る。
②豚肉に火が通ったら煮汁に入れたまま冷ます。
③しっかり冷めたら肉を取り出し、煮汁から長ネギとショウガも取り出しておく。
④肉を 5㎜幅ぐらいにスライスする。

煮豚の甘辛煮

甘辛味に食が進む。
お弁当にもおすすめのボリューミー主菜。

材料

煮豚…5～6枚
みりん…大さじ1
しょうゆ…大さじ2
酒…大さじ1
＊味つけは、すき焼きのたれ（割り下）でもOKです。

作り方

❶みりん、しょうゆ、酒をフライパンに入れ、プクプクしてくるまで温める。
❷そこへ煮豚を入れ、たれをからめる。

| おすすめPOINT |

煮豚にすることで、余分な油が取れて食べやすくなります。付けあわせのパセリは、ビタミン、ミネラル、鉄分が豊富に含まれているので、免疫力アップに効果的。ぜひ残さずに食べてください。

回鍋肉《ホイコーロー》

煮豚があれば、あっという間に
本格中華が出来上がる。

材料（4人分）

煮豚…400 g
キャベツ…1/3個
ピーマン…1個
赤パプリカ（お好みで）…1/2個
長ネギ…1本
ごま油…適宜
A
　しょうゆ…大さじ2
　テンメンジャン…大さじ1
　豆板醤…小さじ2
　酒…大さじ1
　ケチャップ…大さじ2
　片栗粉…大さじ1弱

作り方

❶調味料Aを混ぜておく。
❷煮豚を食べやすい大きさに切る。キャベツは手でちぎり、芯の部分だけ包丁で食べやすい厚みに切る。ピーマンとパプリカは大き目の乱切りに、長ネギは斜め薄切りにする。
❸フライパンにごま油を引き、長ネギ、ピーマン、パプリカを炒める。
❹❸に火が通ったら煮豚を入れ、上にキャベツをのせて蓋をして、嵩が減ってきたら混ぜ合わせる。前もって合わせておいた調味料Aをまわし入れて、しっかりと混ぜる。

北京ダック風

市販のトルティーヤに巻いて、
お手軽中華の出来上がり。

材料（8 個分）

煮豚…4 切れ
キュウリ…1/2 本
長ネギ（白い部分）…1/2 本
テンメンジャン…適宜
トルティーヤ…4 枚

作り方

❶煮豚を 5㎜ほどの太さに長細く切る。キュウリと長ネギは千切りに。
❷トルティーヤを軽く電子レンジで温め半分に切る。
❸トルティーヤにテンメンジャンを塗り、その上に❶を置いて巻く。

｜おすすめ POINT｜

面倒な生地づくりも、トルティーヤで必要なし。甘味噌のテンメンジャンを使えば、お手軽に中華料理が楽しめます。

具だくさんスープ

煮豚の煮汁が、
コクのあるスープに変身。

煮汁はジップロックに入れて、冷蔵庫で保存。すぐに使わないときは、そのまま冷凍庫へ。

材料（4人分）

スープ（煮汁）…750cc
シメジ…1/2株
エリンギ…1本
エノキ…1/2株　※キノコ類ならばなんでもOK
キュウリ…1本　※冷蔵庫の残り野菜（トマト・レタス・人参など）
長ネギ…2本（白い部分）
卵…2個
コンソメスープの素…大さじ1
塩、こしょう…適宜

作り方

❶鍋にスープとキノコ類、残り野菜などを入れて沸騰直前まで煮る。そこへコンソメスープの素を入れ、塩、こしょうで味を調える。
❷溶き卵を❶にまわし入れ、軽く混ぜる。

中華風スープ

熱々豆腐とスープで、
体が芯から温まる。

材料（4人分）

スープ…750cc
木綿豆腐…1丁
ザーサイ…大さじ2
中華スープの素…大さじ1
塩、こしょう…適宜

作り方

❶豆腐は厚さ1cm、長さ4～5cm、幅1～1.5cmぐらいに長細く切る。
❷ザーサイは粗く千切りにする。
❸鍋のスープに❶と❷を入れ、中華スープの素を加えて煮る。塩、こしょうで味を調える。
＊お好みで溶き卵をまわし入れてもOK。

｜おすすめPOINT｜

ザーサイには塩分が多く含まれているので、塩を入れすぎると味が濃くなるので気をつけましょう。

レンチン
鶏ささみ
レシピ

脂肪分が少なく、高タンパク、高栄養が嬉しい鶏ささみ。
お酒をふってふっくらささみの出来上がり。

彩りサラダ

ドレッシングはすし酢だけ！　さっぱり和風サラダ。

材料（2人分）

鶏ささみ（大）…2本
トマト（大）…1個
キュウリ…1本
いりごま…適宜
すし酢…適宜

作り方

❶トマトを乱切りにし、キュウリはすりこぎなどで叩いてから乱切りにする。
❷ボウルに❶と鶏ささみ、いりごまを入れ、すし酢をまわしかけて味をなじませる。

電子レンジで蒸し鶏ささみができる

材料

鶏ささみ…8本　酒…大さじ2

作り方

❶鶏ささみに、菜箸などで数か所穴をあけ（A）、酒をふりかけて、電子レンジに入れ、600ワットで7分加熱する。
❷箸で鶏ささみを裂き、汁の中で冷ます。

A

ピリごまサラダ

豆板醤を使って、
ちょっとピリ辛の大人味に。

材料（4人分）

鶏ささみ…2本分
キュウリ…1本
パクチー（お好みで）…適宜
A
ごまドレッシング…大さじ4
豆板醤…大さじ1/2
ごま油…少々
しょうゆ…少々
ごま…適宜

作り方

❶キュウリの長さを半分に切り、それぞれをピーラーでスライスする。
❷ボウルに鶏ささみとキュウリと調味料Aを入れて和える。お好みでパクチーを飾る。

| おすすめPOINT |

独特の香りと味があるパクチーが苦手という方も多いようですが、健康、美容効果があるビタミン類が豊富に含まれている優れた野菜なので、おすすめです。

おつまみささみ

ビールにワインに日本酒に。
なんにでも合う、和えるだけのおつまみ。

材料（1人前）

鶏ささみ…1本分
大葉…5枚
梅干し…1個
切れてるチーズ…3枚
薄口しょうゆ…少々
ごま…大さじ1

作り方

❶大葉は千切りに、梅干しはペースト状にし、チーズは1cm角にそれぞれ切る。
❷ボウルに鶏ささみとごま、❶を入れて混ぜ、味を見て薄口しょうゆを加える。

| おすすめPOINT |

梅干しがさっぱり味のアクセントに。和風食材とチーズの相性のよさを味わってください。

ピザトースト

朝食にも昼食にも。
味つけはマヨネーズだけ。

材料（食パン 3 枚分）

鶏ささみ…2 本分
パセリ…大さじ2
タマネギ…1/6 個分
ピザ用チーズ…大さじ 5
マヨネーズ…大さじ 5
食パン厚切り…3 枚

作り方

❶パセリ、タマネギをみじん切りにする。
❷ボウルに❶と鶏ささみ、ピザ用チーズ、マヨネーズを入れて混ぜる。
❸食パンの上に❷を置いて、焼き目がつくまでオーブントースターで焼く。

| おすすめ POINT |

マヨネーズにチーズを合わせることで、味にコクが出ます。しっかり味なので、食パンは厚切りをおすすめします。

ムダなし
使いきり
レシピ

捨ててしまいがちな、葉もの野菜の外側部分や硬い芯、
残りもののパンも、残さずに使いきりましょう。

洋風キャベツ煮

和風キャベツ煮

和風＆洋風キャベツ煮

キャベツの芯にも栄養たっぷり。
余さず使いきり

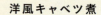

キャベツ

ビタミン、カルシウム、
食物繊維が豊富でローカロリー。
たっぷり摂りたい嬉しい食材。

和風キャベツ煮

材料（3～4人分）

キャベツ…4～5枚
しょうゆ…大さじ1と1/2
ごま…大さじ1
ごま油…大さじ1

作り方

❶キャベツを手で食べやすい大きさにちぎる。芯はスライスする。
❷❶を深めの耐熱皿に入れ、上からしょうゆ、ごま、ごま油の順にかける。
❸ふわっとラップをして電子レンジに入れ、600ワットで5分ほど加熱する。
❹キャベツに火が通ったら全体を混ぜ合わせる。

洋風キャベツ煮

材料（3～4人分）

キャベツ…4～5枚
アサリの水煮缶…130g
バター…20g
ブラックペッパー…適宜

作り方

❶キャベツを手で食べやすい大きさにちぎる。芯はスライスする。それを深めの耐熱皿に入れ、上からアサリの水煮缶を汁ごとかける。その上に、1cm角くらいの大きさにしたバターを散らす。
❷ふわっとラップをかけて電子レンジに入れ、600ワットで5分ほど加熱する。
❸キャベツに火が通ったら、全体を混ぜ合わせる。お好みでブラックペッパーをふる。

｜おすすめPOINT｜

キャベツは手でちぎることで、繊維がふぞろいになるため、しゃきしゃきとした食感が味わえます。

レタス

抗酸化作用のある
ビタミンEを含んでいるので、
美肌効果が。
たっぷり摂りましょう。

〈中の葉を使って〉

エビマヨレタス

みんな大好きエビマヨを、
レタスにからめてお楽しみください。

材料（2人分）

レタスの葉…内側の部分1/4個
ブラックタイガー…10～12尾
酒…大さじ1
塩、こしょう…少々
片栗粉…大さじ1～1と1/2
マヨネーズ…大さじ3
スイートチリソース…大さじ1と1/2
グリーンアスパラ（お好みで）…適宜

|おすすめPOINT|

甘辛のスイートチリソースにマヨネーズをからめるだけで、エスニック料理に変身します。

作り方

❶ブラックタイガーの殻をシッポを残して剥く。背中に切り目を入れ、背ワタを取り出す。
❷❶をポリ袋に入れて、酒を軽く振り、塩、こしょうをして、片栗粉をまぶす。
❸❷を耐熱皿に移し、電子レンジに入れ、エビの色が赤くなるまで、600ワットで3分間加熱する。
❹マヨネーズとスイートチリソースを混ぜ合わせ、それを❸にまぶす。
❺レタスを食べる直前に千切りにし皿に盛る。その上に❹をのせる。
❻お好みで茹でたグリーンアスパラを飾る。

〈外葉を使って〉　中華レタス煮

とろっとあったかレタス煮は、
箸が止まらないおいしさ。

材料（4人分）

レタスの葉…3〜4枚
長ネギ…1本
ショウガ…1かけ
カニかまぼこ…120 g
中華スープの素…大さじ1/2弱
水…300cc（ひたひたになるくらい）
サラダ油…大さじ1/2
ごま油…大さじ1
水溶き片栗粉
　片栗粉…大さじ1＋水…大さじ1

作り方

❶長ネギ、ショウガを千切りにする。
❷フライパンにサラダ油を引き、そこへ❶を入れて炒め、カニかまぼこを裂いて加え、さらに軽く炒める。
❸手でちぎったレタスを❷に加え、水を入れてから、中華スープの素で味をつけ、お好みでごま油をまわしかける。
❹仕上げに水溶き片栗粉でとろみをつける。

| おすすめPOINT |

レタスの食感がなくならないように、
さっと炒めて、すぐに水を入れましょう。

パン

食べきれなかった菓子パンや食パンが、
スイーツに大変身。
余り物のパンとは思えないおいしさが味わえる。

ザン・パンプディング

しっとり食感と
ほどよい甘さがやみつきに。

材料（パウンドケーキ型1個分）
残ったパン…350gくらい
牛乳…500cc
卵…2個
砂糖…50g
＊材料のパンは、アンパン、クリームパン、食パン、くるみパン、レーズンパンなど甘い系のものであればなんでもOK。

作り方
❶ボウルに卵をとき、そこへ砂糖、牛乳を加えておく。
❷❶の中に、パンを一口大くらいにちぎって入れ、15分以上浸す。時々混ぜるとパンに牛乳汁が早くしみこむ。
❸パンにしっかり牛乳汁がしみこんだら、パウンドケーキ型などにクッキングシートを敷き、そこへ❷入れて、180度に予熱したオーブンで、焼き目がつくまで40分ほど焼く。
＊パンを牛乳汁に浸してから一晩、置いておいても味がよくしみこみます。

甘い系のパンであれば、何を入れても不思議なくらい味がなじみます。牛乳に浸すときは、パンを一口大に小さくちぎってください。

こんがり焼き上がります。ケーキ型のサイズは、縦（上部）210×横90×高さ80（mm）です。

一見すると、手の混んだオシャレなスイーツに変身。

ザン・パンプディングの誕生秘話

わが家は大のパン好き一家。いろいろな種類のパンをちょっとずつ食べたいので、つい買いすぎて余ってしまうことがありました。なんとかアレンジできないかと考えひらめいたのがこのレシピです。名づけて、ザン（残）・パンプディング。ダメ元でチャレンジしたレシピですが、これが大成功。息子と娘の好物になりました。

超かんたん
ハイスピード
レシピ

主婦は何かと忙しいもの。
パッパッとつくれるわが家の定番料理をご紹介。

メカジキ＆キノコのホイル焼き

オーブントースターであっという間に
メインディッシュの出来上がり。

かんたん
メインディッシュ

材料（4人分）
メカジキ…4切れ
キノコ類…エノキ1/3株、
シイタケ1本、エリンギ1本、
マイタケ1/5株など
塩、こしょう…適宜
酒…大さじ8

作り方
❶アルミホイルの上にメカジキをのせ、両面に塩、こしょうをしっかり振る。
❷メカジキの上に適当な大きさに切ったキノコ類を置き、アルミホイルの四隅を立てる。
❸❷の上から酒をまわしかけ、アルミホイルを閉じる。
❹オーブントースターに❸を入れ、15分ほど焼く。

郵便はがき

料金受取人払

神田局承認

3322

差出有効期限
平成30年 8 月
31日まで

101-8791

509

東京都千代田区神田神保町 3-7-1
ニュー九段ビル

清流出版株式会社 行

フリガナ		性　別		年齢
お名前		1. 男	2. 女	歳
ご住所	〒 TEL			
Eメールアドレス				

お務め先または学校名	
職種または専門分野	
購読されている新聞・雑誌	

※データは、小社用以外の目的に使用することはありません。

幸せをよぶ　らく家事
完璧をめざさない魔法のエレガントライフ

ご記入・ご送付頂ければ幸いに存じます。　初版2016・12　**愛読者カード**

❶本書の発売を次の何でお知りになりましたか。

1新聞広告（紙名　　　　　　　　　）2雑誌広告（誌名　　　　　　　　　）

3書評、新刊紹介（掲載紙誌名　　　　　　　　　　　　　　　　　　　）

4書店の店頭で　　5先生や知人のすすめ　　6図書館

7その他（　　　　　　　　　　　　　　　　　　　　　　　　　　　　）

❷お買上げ日・書店名

年　　月　　日　　　　市区町村　　　　　　　　　書店

❸本書に対するご意見・ご感想をお聞かせください。

❹「こんな本がほしい」「こんな本なら絶対買う」というものがあれば

❺いただいた ご意見・ご感想を新聞・雑誌広告や小社ホームページ上で

(1) 掲載してもよい　　(2) 掲載は困る　　(3) 匿名ならよい

ご愛読・ご記入ありがとうございます。

ごはんグラタン

冷蔵庫の残り物で
熱々和風グラタンの出来上がり。

材料（1人分）

ごはん…大きめの茶碗に1膳
冷蔵庫にある市販の佃煮や
ウニの瓶詰など…適宜
ごま…大さじ1
大葉…（お好みで）5枚
ピザ用チーズ…大さじ4

作り方

❶ボウルにごはん、佃煮、ごま、5㎜角くらいに切った大葉を入れて混ぜる。
❷❶を耐熱のグラタン皿などに入れ、上からピザ用チーズをのせて（A）、焼き目がつくまでオーブントースターで5～6分ほど焼く。

| おすすめ POINT |

残り物とは思えないおいしさで、1人分がすぐにできるので、ランチやお夜食にピッタリです。

A

かまぼこのカルパッチョ

おつまみにピッタリの
かんたんオードブル。

かまぼこで
オードブル

材料（2人分）

かまぼこ（白）…1/2本
トマト…2個（小）
大葉…3～4枚
オリーブオイル…適宜
＊トマトは、できればフルーツトマトのほうがマイルドな味になります。

作り方

❶トマトを5㎜ぐらいの厚さに輪切りする。かまぼこは縦半分に切り、さらにそれを5㎜くらいの厚さに切る。大葉は千切りにする。
❷スライスしたトマトの上にかまぼこを置き、上から千切りにした大葉を散らす。
❸❷にオリーブオイルをまわしかける。

かまぼこサンド３種

具材をはさむだけ。
しょうゆいらずの絶品オードブル。

かまぼこで
オードブル

材料（2人分）

かまぼこ（白）…1本
A 明太子、マヨネーズ、大葉…適宜
B ワサビ漬け、大葉…適宜
C ねり梅、大葉、スライスチーズ
…適宜

作り方

1. ３種類とも、かまぼこを1cmの厚さに切り、さらに半分の厚さのところに深めに切れめを入れる。
2. それぞれに大葉をはさみ、明太子とマヨネーズを混ぜたもの、ねり梅とスライスチーズ、ワサビ漬けをはさみ入れる。

エネルギーのもと
満腹主食

和風ごはん

食欲がない日も
これなら箸が進むさっぱり味。

材料（1人分）
梅干し、しらす干し、大葉、
みょうが（お好みで）、ごま…適宜
ごはん…1膳

作り方
1 温かいごはんにごま、しらす干し、千切りにした大葉、みょうがを盛り、最後に梅干しを真ん中に置く。

| おすすめPOINT |
ごはんにのせるだけというかんたんさ。何度食べても飽きないおいしさです。

洋風炊き込みごはん

ごはんにしみ込むホタテのエキスに、
バターの風味が絶妙にマッチ。

材料

米…3 合
ホタテの缶詰…1 缶（130 g）　※ホタテの缶詰の大きさはお好みで
バター…20 g
コンソメスープの素…大さじ 1
酒…大さじ 1
塩…小さじ 1/2
ブラックペッパー…適宜
パセリ…適宜

作り方

❶炊飯器に米と、適量の水の半量を入れ、さらにホタテ缶を汁ごと入れる。内釜の目盛りに合わせて酒と残りの水を入れ、通常の白米モードで炊く。
❷炊き上がったらバターを加えて、ごはんを切るように混ぜてから、塩、こしょうで味を調える。
❸器に盛り、彩りに上からパセリのみじん切りを散らす。

| おすすめ POINT |

炊飯時の水の量は、通常よりも若干少なめのほうが、ごはんがパラリと炊けます。

オレオの二重奏

カリカリのトッピングとサンドされた
しっとりクリームの食感がたまらないおいしさ！

材料

オレオ…5個
牛乳…30cc
市販のスポンジケーキ（18cm）…2枚 ※あらかじめ2枚にスライスされているものを使用
生クリーム…1パック
砂糖…50g
飾り用オレオ…3個
アラザン…適宜
板チョコ（お好みで）…適宜

作り方

❶フードプロセッサーにオレオ5個を半分ぐらいに割って入れる。そこへ牛乳を入れクリーム状にする。
❷生クリームに砂糖を加えて、角が立つまで泡立てる。
❸スポンジケーキ1枚に❶を塗り、残りの1枚を上に重ねる。
❹ポリ袋に飾り用のオレオのクリームを取り除いたものを入れ、ポリ袋の上からしっかり潰す。
❺❸に❷の生クリームを塗り、上から❹を振りかけて、最後にアラザンを飾り、お好みで板チョコを手で割り上から挿す。

市販のアイスで
変身スイーツ

アイスクリームババロア

ハーゲンダッツのアイスクリームが、
かんたんにババロアに変身！

材料

ハーゲンダッツアイスクリーム・
抹茶（110ml）…2個
ゼライスパウダー…2.5g（半パック）
水…30cc
小倉餡、金箔（お好みで）…適宜

ハーゲンダッツアイスクリーム・
ストロベリー（110ml）…2個
ゼライスパウダー…2.5g（半パック）
水…30cc
アラザン、ミント（お好みで）…適宜

作り方

❶それぞれのアイスクリームを液体状になるまでボウルの中で溶かす。
❷ゼライスパウダーを水に振り入れて溶かし、固まってきたら電子レンジに入れ、600ワットで20秒ほど、様子を見ながら加熱し、しっかりとけて液が透明になり、粗熱が取れたら❶の中に注ぎ入れて混ぜる。
❸❷を器に注ぎ、冷蔵庫で冷やし固める。
❹抹茶アイスには小倉餡と金箔、ストロベリーには板チョコをピーラーで削ったものやアラザン、ミントなどを飾る。

Column

盛りつけのコツ

たまには親しい人をお招きして、
ゆっくりお話しをし日頃のストレスを解消したいもの。
手づくりの料理でおもてなしをする時間の余裕がないときに、
重宝するのが市販のオードブルセットやスイーツです。
盛りつけ次第で、市販のものがぐっとオシャレに変身します。

ちょっとリッチなオードブル

ワンポイントアドバイス

高低差をつける

1枚のお皿の上にグラスや小鉢で高低差をつけると、豪華さを演出できます。味気ない惣菜を華やかにする盛りつけテクです。

Before

みんなの大好物、スイーツの盛りあわせ

ワンポイントアドバイス

グリーンを上手に使う

お皿の中にハーブなどのグリーンがあるだけで、全体がしまって色鮮やかに見えます。

Before

季節を味わう和菓子

ワンポイントアドバイス

おかきを和食器の中に

バラバラと広がりやすい小粒なおかきは、器使いがおすすめ。

Before

Column

お手軽な紙ナプキン使いで、季節のテーブルコーディネート

Winter

クリスマスには、ゴールド使いで少しゴージャスな気分に浸りましょう。

紙ナプキンの上に透明のアクリル板を重ねて、
オシャレなランチョンマットに。
カジュアルからゴージャスなものまで、
自在な変化がお楽しみいただけます。

Tips

お皿、グラス、コースター、ナプキンホルダーは同じ物を使っています。お皿は実は200円で購入したものなんです。

コースターの周りの穴にリボンを通してみました。ゴールドは戴き物のお菓子の箱に巻かれていたリボンを使っています。

下に敷いた紙ナプキンは再利用できます。

Spring

暖かな春の日差しの中を舞う蝶々が、そっとナプキンホルダーの上に止まっています。

Summer

木漏れ日がまばゆい、エネルギッシュな夏を感じてください。

Autumn

真っ赤に色づく秋の紅葉をテーブルに。紅葉の箸置きも私のお気に入り。

Column

私の“プチプラ”コレクション

とっても安いのに、こんなに可愛いプチ・プライスの食器たち。
ご紹介するのは、100円ショップの製品や、1個200円～300円の物ばかり。
ただ、左上のものだけは800円で買いました。
プチプラに見えないプチプラを見つけたときの喜びは格別です。

Chapter 3

「すべき」を捨てて楽しむ子育て

子育てのただ中にいると、
見えないことがたくさんあります。
子育てが終わった今だからこそ見えてきたこと、
あの頃、こうしていたら……、
をお伝えしたいと思います。

「すべき」を捨てて楽しむ子育て

Chapter 3

子育てに悩むママたちへ贈る魔法

今から三〇年ほど前、男の子と女の子の年子の子育てに追われていた私。大人しくて、超がつくほどのスローモーションの息子と、元気いっぱい活発な娘の子育てに四苦八苦。

「男と女が反対だったらよかったのにねぇ〜」、などという心ない言葉を言われて、傷ついたこともしばしば。

子育てが終わった今、「あの頃もっと余裕をもって子どもと向き合っていれば、もっと子育てを楽しめたのに」と思うことがたくさんあります。

「男の子はこうあるべき」「いい母親はこうするべき」「いい人生を送るには、いい学校に入れるべき」など、たくさんの「…べき」項目をつくって、自分で自分を縛っていたように思います。

その「…べき」項目がなかなか思うようにはいかないことで、たくさんのストレスを抱えていました。子育てに夢中になっていると視野が狭くなり、ともすると一番大切なことを忘れがちになります。

子育てが終わった今、あの頃を振り返ってみると反省することが多々あります。それを包み隠すことなくお話しすることで、今、子育てに悩んでいらっしゃるママたちの、少しでもお役に立てれば幸いです。

この章を読み終わられる頃には、肩に入っていた力が抜けて、もっと気楽に楽しく、お子さんとの時間を過ごされるようになることを、願ってやみません。

勝手な"理想像"を捨てると見えてくるキラメク個性

私の実家は典型的な女系家族です。父方は七人きょうだいの中で、男は父一人。母方も四人きょうだいで男は一人しかいません。そして私も姉と二人姉妹で育ちました。

そんな中で、私のところに最初に生まれたのが男の子。女系家族の中で、半世紀以上ぶりに生まれた男の子に、実家の父は飛び上がらんばかりに喜びました。

そこまでは、めでたし、めでたしだったのですが、さぁ〜〜て、どう扱っていいものやら……。オシメ一つ替えるにも、母と一緒に、わぁわぁ、キャーキャー、大騒ぎという始末。

そして、息子が成長するにつけ、「男の子って、こうあるべきなんじゃないかしら？」と自分勝手な「男の子像」をつくり上げていきました。

すぐに外に飛び出していく、母親がおさえようとしても、とてもとてもおさえきれないほど元気いっぱい――それが私が描いた男の子像でした。

でも、息子は全く違うタイプだったのです。何をするにも「ゆったりマイペース」。幼稚園に行くための支度をするのも、たっぷり一時間以上はかかり、威勢のいい男の子のあとをついていくような、当時の私からすると、なんとも歯がゆくて頼りない息子でした。

そんな息子も大人になり、社会人として、家庭人としてがんばっている姿を見るにつけ、あの**当時、欠点だと思っていたところは、もしかしたら、あの子の個性や長所だったのかもしれない**と思うようになりました。

現在、息子は在宅医療を行う医者として、患者さんに最期まで寄り添っていくという仕事に生きがいを持っているようです。

じっくりと患者さんやご家族のお話に耳を傾けられるのは、私がイライラしてしまったあの「ゆったりペース」ゆえなのかもしれません。

子育て中、つい言ってしまった「早くしなさい！」という言葉でしたが、今振り返ってみると、急《せ》かしたところで、結果は一緒だったように思います。

むしろ言葉にすることによって、ますますイライラするだけで、子どもには「また言っているよ」と、ただのＢＧＭのように聴こえていたのかもしれません。

子どものペースは変えられません。それがその子の個性なのですから。

イライラせずにあたたかく見守ること。簡単そうで実際には難しいですが、親業はある意味「人生の修行」です。

修行が無事に終わった頃には、子育てのただ中にいる頃には見えなかった景色が、きっと見えてくることでしょう。

息子と娘が小学生の頃に、一緒に貯めたおこづかいで、
私にプレゼントをしてくれた物。大切な宝物です。

盆栽ではなく、大木づくりを

私の父は盆栽の手入れをするのが趣味でした。毎晩のように机の上に盆栽を置いて嬉しそうに眺めては、「この枝は切らないと、恰好が悪い」なんて言いながら、感じるまま好き勝手に盆栽にはさみを入れていました。

そんな父を見て、いつも母は「物知り顔でと～ちゃんが、今日も盆栽ダメにする」なんて冷やかしていたものです。

盆栽はいつ見ても美しく形が整っていなければいけないのだそうです。盆栽づくりを子育てに置き換えるとどうでしょう？　**いつ見ても良い子、チョッと伸びすぎた枝は親の独断と偏見でバッサリ切り落としていたとしたら……。**

自分で言うのも口幅ったいのですが、私は小さい頃から両親のお気に入りの子でした。

四歳上の姉はハチャメチャなところがあって、

よく両親を悩ませていたものです。そんな姉を見て、私はますます良い子スイッチが入っていました。でも心の中では、「お姉ちゃまみたいに自由にできたらなぁ。自由にしているお姉ちゃまってカッコいい！」とも思っていました。

思い出すのは、作文が宿題として出されたときのこと。わが家では、書いた作文に親の指導が入りました。書きあがったものは親の前で読み、必ず直しが入ったのです。

自由に書きたいなあ、と思ったこともしばしば。でも「良い子の私」はイヤとは言えず、素直に直して学校へ提出していました。

確かに作文はそれなりに立派でしたが、いくら花丸をもらっても、嬉しくはありませんでした。

私の娘と姉は、子どもの頃、姉御肌なところや自由奔放なところなど、似たところが多々ありました。作文はいつもユニークで、夏休みの絵日記などは、家の様子が丸わかりのお恥ずかしいものばかり……。

「今日はみんなでお兄ちゃまのお部屋の掃除をしました。お部屋の隅からパンツが三角になって出てきました。そのあとバルサンを焚きました。虫もいなくなって良かったです」

これを読んだ先生は「あのお母さん、おしゃれして学校にくるけれど、家の中は汚いんだぁ〜」と、思われたことでしょう。娘の書く作文はいつもそんな調子。でも一度も手は入れませんでした。

子育てをしているとき、ともすると「いつも良い子」でいることを子どもに求めてしまいがちです。でも本当は**伸びやかに、たとえそのときの枝ぶりが多少不揃いでも、ある程度、子どものしたいようにさせたほうが、親も子もゆったりとした気持ちでいられます。**

森にある大木は誰からもはさみを入れられることなく、大きく立派に育って、夏には涼める木陰をつくってくれます。子育ても同じなのではと最近つくづく思います。

絶対にしてはいけないこと以外は、ある程度目をつぶって、少し離れたところから優しく見守ることが一番大切なのではないでしょうか。

子育てにも遊び心が大切です

子どもたちが幼稚園や小学校へ通っていた頃が、子育て奮闘記真っ最中だったかもしれません。

どうやったら毎日ピアノの練習をするのかしら？　どうやったらお手伝いを進んでするようになるのかしら？などなど、たくさんの「どうやったら？」に頭を悩ませていました。


そんなときにご褒美として、シール貼りをしたことがあります。ピアノの練習をしたらシールを一枚、お手伝いができたらシール二枚。シールが溜まったら、何かご褒美を買ってあげる。

でも、こんなことをしていたらご褒美がなければ動かない人間になってしまうのではないかしら……。これは間違ったやり方なのでは？　と、色々と悩み試行錯誤をした日々でした。

今考えてみると、そんなに深刻にとらえなくてもよかったのではないかと思います。**子どもの自発性を信じて待つことも大切。**もっと肩の力を抜いて、時には遊び感覚で子どもと向き合ったほうが、親も子も楽しかったのにと。

真剣に子育てに取り組んでいると、だんだん視野が狭くなりがちに。**大らかな気持ちをもって、できるだけ優しい笑顔を絶やさない**こと。これが子どもに安定をもたらすのではないでしょうか。


とは言うものの、親も人の子、つい感情的になってしまうこともあります。私も何度か理性より感情が勝ってしまったことがありました。

子どもたちが小さかった頃は、毎日がバタバタ。こちらで太鼓を叩けば、あちらで笛を吹く。一人が寝たと思ったら、もう一人が起きてくる。「やったらダメよ！」と言っている端から、恐れていた事態が、目の前で繰り広げられる……。こんな状況は、子育て中であれば、多かれ少なかれ、どなたも経験されていることでしょう。

言うことをきかない子どもたちに向かって、つい感情が勝ってしまい、ガミガミ怒ってしまったことも。でも、子どもたちが寝静まってから、その屈託のない寝顔を見ていると、「あぁ～、あんなに強く言わなければよかったわ……」と反省することもよくありました。

親だって生まれたときから親だったわけではありません。**子どもと一緒に成長しながら「親」になっていく**のです。

ときには感情的に叱ってしまうことだってあります。でも叱ったことで、ストレスが発散できたとしたら、そのあとは、また冷静さを取り戻し、優しい気持ちで子どもに接することができます。

子どもにとっては、ちょっと酷だったかしれないけれど、**「いいデトックスができたわ！」というぐらいに考え、いつまでもその感情を引きずらないのが一番いい**ような気がします。

もちろん本当に自分が間違っていたとか、叱り過ぎたと思ったときには、たとえ相手が小さな子どもであっても、きちんと謝ることが肝心です。

子どもは可愛いシールが大好き。

不思議と優しくなれる
“片手に手鏡”の法則

私がまだ大学生だった頃、部活の仲間たちと、よく早慶戦を観に行ったものです。

野球など全く知らない私でしたが、肩を組んで声を張り上げて、応援歌を歌ったり……。

でも、そんなときでも、これぞ青春！と心から楽しんでいる友人たちに対して、「いいよねぇ～、そんなに夢中になれて」と、どこか冷めた目で見ているところがありました。

初めてのお産のときもそうでした。

母から「お産のときに、大声を出したりするようなはしたないことは止めなさいね」と言われていました。

そこで強烈な陣痛がきたときには、一生懸命タオルを噛んだり、近くにいた看護師さんのセーターを思い切り引っ張ったりと、とにかく声を出さないようにとがんばりました。

息子は肩が引っかかってしまい、出てくるまで親も子もまさに闘いでした。

最後は吸引分娩によって何とか引っ張り出して、無事に産声を上げたのですが。

その間ずっと声を出さずに、言われるがまま力んだり、初めてのお産に戸惑いながらも私なりに精一杯の力を振り絞りました。

出産後、助産婦さんに「私ってやっぱり安産だったのでしょうか？」とお聞きすると、「いやぁ～、市川さんのお産は難産でしたよ」と言われました。

でも、そんな切羽詰まったときでも、どこか冷めたところがあって、「子どもの産み方、ほんと下手ねぇ」、なんて自分を見ているところがあったのです。

これはきっと、生まれもった性格なのだと思います。

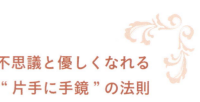

ただ、そんな性格でよかったなと思ったこともあります。

それは子育てをしているときでした。子どもを叱っていても、**いつも冷めた目で自分を見ている、もう一人の自分がいた**からです。

そのお陰で叱りながら、「今の顔、きっと鬼婆みたいになっているんじゃない？　もうこれ以上言わなくても十分よ」と、セーブしてくれるもう一人の自分がいたのです。

つい感情的になることもあります。そんなとき、自分がどんな顔をしているか想像してみましょう。

子どもを叱りながらエキサイトして、つい感情的になってしまうと自覚されている方は、叱っているときの自分の顔を想像することをおすすめします。

片手に手鏡を持っているような気持ちでいると、**子どもが言うことをきかないときも、冷静さを失わないでいられる**ことと思います。

父親は陰の立役者

共働きのご夫婦が多い昨今とはいえ、やはり子育ての中心は母親、というご家庭が主流ではないでしょうか。

家庭と仕事を両立している方でも、専業主婦の方でも、母親業は待ったなしの忙しさ。四六時中、子どもと向き合っていると、ついイライラして、必要以上に怒ってしまうことだってあります。

そんなときに、ちょっとした息抜きの時間が取れたら、どんなに気持ちが救われることでしょう。

私にも遠い昔になりますが、経験があります。月に一度くらいでしたが、夫が休みの日に、当時三歳と二歳だった二人の子どもの面倒を見てくれることがありました。

その前の晩は嬉しくて、なかなか寝つけないほどハイテンションに。

その頃私たちは、夫の仕事の関係で茨城県の小さな町に住んでいました。その町で出かけるといっても、洋服から食料品までを取り扱う少し規模が大きなスーパーが一軒あるだけ。

それでもしばし子どもの面倒から解放された私は、一日中、買い物をしたり、食堂へ入ったりして、思いきりストレスを発散することができました。

そして、家路に着く頃には身も心もすっきりリフレッシュ。心の中は子どもを思う優しい母の気持ちで一杯になっていました。

「主婦は家庭の中で、太陽のような存在」というのが私の持論ですが、その太陽は、夫の大きな力によって支えられているように思います。

子どもたちが巣立って夫婦だけの生活になった今、わが家の近くにはたくさんのレストランがあることも手伝って、休みの日には二人で外食をすることが多くなりました。

おいしい食事に舌鼓を打ちながら、そこでさまざまな家族模様を見るのも、人間ウォッチングが好きな私の楽しみのひとつになっています。

お父さんが家族に対して優しく接していると、お母さんもニコニコしていて、そのテーブルには温かな空気が漂っています。

それとは真逆に、お父さんがピリピリしているようだと会話もあまりなく、お母さんの表情も沈みがちに……。

そんな子ども連れの家族を見ていると、たとえ直接子どもと触れ合う時間は少なくても、**子育てを陰で支える父親の役目の大きさを、つくづくと感じる**今日この頃です。

愛らしい天使グッズが大好き。目にするだけで癒されます。

子育てを終えて思うこと

夫婦二人と犬一匹の生活になった今、子育てに家事にと慌ただしく過ごしていた日々が懐かしく思い出されます。

その頃は、自分が入りたいと思った時間にお風呂に入って髪を洗いたい、少しでもいいから自由な時間が欲しいと、心から思っていました。

でも、その欲しかった自由が手に入った今、**「大変！大変‼」と言っていた頃が、親としては一番充実して楽しい時期だった**と、愛おしささえ感じるようになりました。

「子どもからは一年ごとに一メートルずつ離れなさい」という言葉があるそうです。

子どもは離れていくもの。またそうでなければいけないと思います。

いつかやってくる「巣立ちの日」——そのときに一人残された寂しさに陥ることなく、**母も力強く飛び立つための準備を、子育てに忙しい中でも、ちょっとした隙間時間を使って、少しずつ進めていきたいもの**です。

私の例で恐縮ですが、子離れの歩みをお話ししたいと思います。

年子の子どもたちが、まだヨチヨチ歩きの頃、お昼寝をしているときを見計らって掃除機をかけながら、エプロンのポケットに小さなカセットデッキをしのばせ、イヤフォンで英語を聞くようにしていました。

巣立ちの日が来たときに、何をするかはっきり決めていたわけではありませんが、何か英語と関連のある仕事をしたいと考えていたからです。

上の子が幼稚園に行き始めた頃のこと。幼稚園つながりで知り合った方が開いていた児童英語教室を子どもとともに見学する機会がありました。

わが家の“おてんば娘”。

今でこそ、街中で児童英語教室をたくさん見かけるようになりましたが、当時はまだそれほど多くはありませんでした。

英語教室なんて、あまり面白くなさそうという先入観をもっていたのですが、ゲームや歌を歌いながら、遊び感覚で楽しく学ぶ児童英語の世界にすっかり魅了されてしまいました。

娘が幼稚園に入り少し時間に余裕ができると、児童英語の先生になるべくいろいろな教師養成講座に通い始めました。

そして娘が小学校へ入学したのを機に、自宅で念願の児童英語教室を開講することに。

実際にやってみると、思ってもいなかったような大変なことにもたくさん遭遇しました。それでも**一〇年間続けることができたのは、その時間が日常の家事や子育てから解放される、この上もないリフレッシュタイムだったから**だと思います。

一〇年続けると教室開講当初から通ってくれた生徒たちが中学生になり、それとともにゲームや歌を通して楽しく学ぶという教室のあり方から、中間テストや期末テスト対策のための英語塾へと変わらざるをえなくなっていきました。

そこで、思い切って英語教室をやめることを決意しました。

まだ続けるかどうか悩んでいた頃に、自宅を新築し引っ越すことに。送り迎えにいらした生徒さんのお母様方のリクエストで、レッスン後に新しい家の中をお見せしていると、「先生、英語だけじゃなくて、お片づけの教室も始めてください」という声が。その声がきっかけとなり、見よう見まねで始めた「ハウスキーピング・サロン」が今のサロンへと繋がっていきました。

のべ人数２万人もの生徒さんたちと出会えたことは、
何ものにも代えがたい財産です。

早いものでそのサロンを始めて二〇年近くの年月が経ちます。

私の場合、何もしていなければきっとエネルギーを持て余し、つい息子たち家族のことが気になってしまったり、娘や夫に対しても小さな不満が前面に出ていたように思います。

サロンをしていることで、理解のある夫に対して、また今でも時々手伝ってくれる娘に対しても心から感謝の気持ちをもつことができます。

サロンを一緒にしている嫁や、またその間、孫の面倒を見てくれている嫁のお母様にも同じ思いです。

感謝の気持ちをもつと、心が穏やかで明るくなります。そして明るい人の周りには人が集り、その人たちによって自分が元気づけられます。

巣立ちの日のために、無理せず少しずつ準備をしていくことを、おすすめしたいと思います。

Chapter 4

「七割満足＝大満足」は
魔法の言葉
気持ちがラクになる人間関係

日々の生活の中で、避けて通れないのが
人付き合いです。
「ありのまま」を出せなかった私が、
ほんの少しずつ自分を変えていくことができた、
その道のりをお伝えします。

「七割満足＝大満足」
は魔法の言葉
気持ちがラクになる
《友だち関係》

Chapter 4

七割満足＝大満足な《友だち関係》

子育てをしていると、もれなくついてくるのがママ友とのお付き合いです。それが私はとても苦手でした。自分を表現するのが、あまり得意ではなかったからです。そんな私がサロンを始めて、中心になってお話ししなければいけない立場に。いつも「どうやったら『いい先生』と思ってもらえるのかしら？」、「みなさんの目に自分はどんな風に映っているのかしら？」ということばかりが気になっていました。

でも、サロンを続けていくうちに、それはとても自分本位な考え方だということに気がついたのです。自分がどう映っているのかではなく、一番に考えなければいけないこと、それはいらした生徒さんたちに「あぁ～参加してよかった」と心から満足していただくことだと。

以来、笑顔を忘れずに自分を飾り立てることなくお話しをすることを意識するように。それを長年続けて行くと徐々に習い性となり、気がつけば昔の〝人付き合い苦手意識〟は消えていました。

サロンをしていると色々な方と接する機会があります。もちろん好意的な方ばかりではありません。そこで、全ての人に認めてもらおうと思わないことにしました。それは所詮無理な話だからです。

一〇人いたら、七人の人が私のサロンに「参加してよかった」と思ってくれたら、それは大成功。そう思うと、今まで自分を縛りつけていたものから解放されて、自然体で人と接することができるようになりました。この考え方は、サロンでの生徒さんたちとの付き合い方だけではなく、友だち関係にも共通することだと思います。

この章ではそうした心境に至るまでのお話を、できるだけ具体的に書いてみました。友だち関係でお悩みの方の少しでもお役に立てれば幸いです。

人付き合いが苦手だった自分と “さよなら” するまで

サロンにいらしてくださる生徒さんなどから、最近よくこんな言葉をかけられます。

「すごくパワフルですねぇ」

長年連れ添った夫からも、

「本当に社交的だね」

そんなことを言われると、嬉しくなってしまいます。


もともと私は人とのお付き合いがとても苦手で、厚い壁をつくって、壁越しにつつがなくお付き合いをするようなところがありました。

そのままの自分を出すと、周りにいる人たちが消えて行ってしまうような気がしていたからです。

なので、**周りの人が私に抱いているイメージを崩さないように、そのイメージの中で自分を演じていた**ところがありました。


大学時代などは「お嬢様」と思われているフシがあったので、できるだけそのイメージに沿って行動をする〝ぶりっ子キャラ〟だったと自認しています。

そしてそんな自分を客観的に見るもうひとりの自分が、いつも「イヤな奴」と言っていました。


社交的で色々な人と楽しく話したり、遊んだりしている人を見ると、

「私も、あんな風に自由に自分を飾ることなくふるまえる人間になりたいなぁ～」

と思っていました。

そこで何とか自分を変えるべく、大学を卒業してからアメリカに留学しました。環境が変われば自分を変えられるのではないかと、淡い期待を抱いての留学です。

そこで一年ほど過ごしてわかったこと、それは

いくら環境が変わっても、自分が変わらなければ何も変わらないということでした。

とはいえ、昔からごく限られた人とは自然体で接することができました。そして、その中の一人であった夫と結婚。

家の中では自由に楽しく過ごすことができたのですが……。

息子の幼稚園が始まると、ママ友とのお付き合いが始まりました。息子も消極的なら、母も消極的。ママたちの輪に入っても、その中で発言することはほとんどありませんでした。

「こんなこと言ってみようかな？　でも……、そんなこと言ったらこの場の雰囲気にそぐわないかしら？　みんながなんて思うかしら？」

心の中では色々な葛藤があったのですが、傍から見たら、ただの大人しくて、ちょっとお高くとまったお母さんとしか映っていなかったことでしょう。

そんな私でしたが、反面、何かしなくてはいられない行動的なところも持ち合せていました。

アメリカから帰国し、息子が生まれる直前まで、身につけた英語をいかし、外国人に日本語を教えていました。

娘が小学校へ入学して子育てが一段落すると、今度は子どもたち相手に英語教室を始め、その後、娘が中学へ入学した頃から、自宅サロンを開始し今に至っています。

先生スイッチが入ると、一見それなりに社交的にふるまえるのですが、自然な姿ではありません。あくまで「先生」という仮面をかぶっているからこそできることでした。

自宅サロンの最後はいつもティータイムでしめくくります。そのときに質問をお受けすることもありますが、他愛もない雑談で盛り上がることもしばしばです。

その雑談タイムが、始めた当初の私にとってはとても苦痛でした。

先生の仮面を半分脱ぎ捨てるその時間、色々な方に気を配り楽しんでいただけるようなお話をすることが、その頃の私には上手くできませんでした。

結局、生徒さんたち同士で盛り上がり、私はそのつけ足しのような存在に。

でも、サロンを何年も続けていくうちに、少しずつそれは解消していきました。

レッスンの最後は、リビングテーブルで、みなさんとティータイム。

サロンを始めて一〇年ぐらいまでは、〝面白話〟がふと頭に浮かんでも「こんなこと言っても……」、「もしみんなが笑ってくれなかったら……」などと思い、結局言わずに飲み込んでしまっていたのですが。

でもあるとき、少し勇気を出して言ってみると意外にもみなさん大笑いしてくださったのです。

「あ〜、いいんだわ！　いつも家で言っているようなことを言っても」

と少し自信がもてたので、また次にも同じように、**ためらわずに思っていることを言ってみる。そうやって自分の中の「自信メモリ」が少しずつ上がっていきました。**

自信がないので、臆病になり殻の中に閉じこもっていた自分から、経験を重ねることで解放されたのです。

人前でありのままの自分を出すことができず、厚い壁をつくっていた私。そんな自分がイヤでなんとか変わりたいと願い、亀の歩みではありましたけれど、**変わった自分をイメージしながら「なりたい自分」へ向かって進む努力を心がけて**いました。

たとえ歩みはのろくても、諦めずに理想とする方向をめざして歩いていくと、何年か何十年か後には思い描いた自分に近づくことができるのだと、自らの経験によって実感することができました。

人付き合いは避けては通れません。今の私にとって人付き合いは、間違いなく楽しいものです。毎日ほんの少しずつでも、自分を変える努力をしていけば、きっと豊かな実を結ぶことを私は経験から学びました。

「ありのままの自分」を出すための3つのヒケツ

なかなか「ありのままの自分」を出すことができなかった私ですが、還暦を過ぎた頃から、肩の力を抜いて自然体でどなたとでも接することができるようになりました。

振り返って考えてみると、そこに至るまでには三つのヒケツがあることに気がつきました。

〈ヒケツその❶〉
「ダメな自分を出す勇気」をもつこと

「万座の中で恥をかく」

という言葉があるくらい、日本には古くから「恥」の文化が根づいているようです。

でも、恥をかかないことって、そんなに大事なことでしょうか？

人に愛おしさを感じるのは、その人の弱さや欠点を目にしたときではないでしょうか？

完璧なものには人は惹かれません。かえって近寄りがたく感じて敬遠してしまうものだからです。

私は自分で言うのも口幅ったいのですが、あまりお付き合いが深くない方から、「本当に、何もかもきちんとしていて、完璧な方なんですね」と言われることがよくあります。

昔の私は、そのイメージを崩さないために〝完璧人間〟を装っていました。でもあるとき、必要に迫られて、それを止めざるを得なくなりました。

今から一〇年ほど前の出来事です。

レッスン前に前歯の差し歯がグラグラして、今にも取れそうに。

「もしレッスンのときに、笑った拍子に前歯が飛んだりしたら、どうしよう」と、途方に暮れてしまいました。

でもレッスン開始の時間が迫っています。「もうそのことを皆様に打ち明けるしかないわ！」と仕方なく覚悟を決めました。

「もしかして、お話ししている最中に前歯が飛ぶかもしれません。これが本当の〝お歯なし〟です」

そうお伝えすると、皆様がどっと笑って、それからとても和やかな空気に包まれました。みなさんが私に親近感をもってくださったのを肌で感じた出来事でした。

それ以来、失敗したりドジを踏んだりしたことを自虐ネタとして面白おかしくお話しすることにしました。

これはサロンのときだけではなく、友だち付き合いでも同じです。

それまでは自分の理解者は家族やごく一部の人だけ、と決めつけていましたが、「完璧でない自分をさらけ出す」ことによって、たくさんの方たちが理解者になってくれるのだと思います。

だから「ダメな自分を出す勇気」をもってください。

〈ヒケツその❷〉
誰からも好かれようなんて思わないこと

人と人には「相性」があります。いくら相手にわかってもらおうと思っても、相手をわかろうとしても、わかり合えない人がいます。

サロンやセミナーでお話をさせていただくときも、「七割の方に伝われば大成功」。――そう思うようになってから、自分を縛りつけていたものから解放されて、自由にのびのびと人前でお話しすることができるようになりました。

相手に理解してもらおうと、自分なりに最善を尽くすことは大切です。でも、それでも伝わらないことがあります。そんなときは、わかってもらえない自分の伝え方に問題があるのではないかしらと、自分を責めるより、「相性が悪い」と諦めることも必要です。

七割の人にわかってもらえれば、それは大成功。人間関係も「七割満足＝大満足」でいいのではないでしょうか。

〈ヒケツその❸〉
耳に心地よくない言葉にこそ真実があると思うこと

サロンを二〇年近くやっていると、今まで色々な方々に出会いました。決して好意的な方ばかりではありません。

まだ始めて数年しか経っていない頃、ある生徒さんからこんなことを言われました。

「前回のレッスンで、先生が井戸端会議で話すようなことを、お金を取ってお話しになる、その先生の勇気に感動しました」

そのときは当然ひどく落ち込みました。他にも今でも忘れられない辛い思い出がいくつかあります。

でも思い切り落ち込んだあとには、必ずこんな言葉が心の中から聞こえてきます。

「本当にあなたに落ち度はなかったの？」

その人の言ったことを反芻しているうちに、確かに一理あるかもと、思えてきます。

言われたときには落ち込むけれど、落ち込んでもただでは這い上がらない。とげのある言葉の中に潜む真実を見つけると、這い上がったときには、以前よりももっと改良された、強くなった自分がいます。

たとえ誰かから傷つくことを言われても、その中に真実が隠されている、「言ってくれてありがとう」と思うことです。

何でも捉えようです。その言葉はきっと次のステップへとあなたを引き上げてくれるはず。

自分の周りに厚い壁をつくって人を遮断し、傷つけられないようにと、わが身を守っていた私でしたが、この三つのヒケツを実践することで、今では傷つくこともなくなりました。

そしてかつての私が望んでいたような色々な方と、心から楽しく接することができるようになりました。

もしあなたが自分の殻からなかなか抜け出すことができずに悩んでいたら、ぜひこの３つのヒケツを実践することをおすすめします。

「七割満足＝大満足」
は魔法の言葉
気持ちがラクになる
《夫婦関係》

Chapter 4

理解のある夫に成長――《夫婦関係》

長年夫婦を続けていくと山あり谷あり、色々なことが起こります。ともに生きていく中で、いつも互いに理解し支え合う関係でいたいものです。

もともと亭主関白の家に育った夫。夫の実家では、安楽椅子に座ってテレビを観ている義父に、義母が甲斐甲斐しくお茶を持っていく姿が……。夫もすっかりその気になって、「お茶！」などと言い始める始末。私にはなんとも違和感がある光景でした。

そんな家庭環境の中にいた夫でしたが、もともと夫婦は協力し合って、手伝えることは手伝うという気持ちは持ち合わせていたようです。

でも、結婚当初は何をどうしたらいいのやら、勝手がわからなかったのでしょう。それでも私が二人の子育てに追われて四苦八苦するようになると、少しずつ家事や育児を手伝ってくれるようになりました。

手伝ってくれたときには飛び切りの笑顔とともに感謝の言葉を口にします。反対に協力してほしいのに一人ゆっくりテレビなどを観ていたりすることも。そんなときは、たとえお腹の中が煮え返るほど腹が立っていたとしても、グッと抑えて「これ手伝ってくれないかしら？」とやんわりとお願いをしました。

こんなことを日々繰り返した結果、今では、家事をある程度こなせる、妻に対してすこぶる理解のある夫に成長したのです。

私も、たとえ夫の家事が完璧でなかったとしても、そこは「七割満足＝大満足」と思ってやり過ごします。これが長年仲良く連れ添うヒケツなのかもしれません。

夫教育は新婚旅行から。イニシアティブを握るのは妻

何ごとも始めが肝心です。長い結婚生活の力関係が最初に決まるのは新婚旅行から——。そう思った私は、英語が話せる強みをいかし、夫をリードすべく英語圏への旅行を決めました。

そこまで書くと、なんて計算高い女なんだ！とお思いになった方もいらっしゃることでしょう。

世の中にたくさんのカップルがいますが、上手くいっているカップルに共通していること、それは女性がイニシアティブをとっていることではないでしょうか？　男性が威張っているカップルは女性が萎縮していて、楽しそうに見えません。やはり**男性が女性の尻に敷かれているぐらいが微笑ましい**感じがします。

結婚生活のスタートで、私の狙いは予想以上の結果になりました。

夫はわからないことは、すべてお任せタイプです。そこでパスポートの取得からホテルの予約まですべて私が準備し、いざ新婚旅行へ出発。

個人旅行にトラブルはつきものです。アメリカからメキシコに移動する予定だったのですが、メキシコ行きの飛行機がストによって、飛ぶ、飛ばないの大騒ぎに巻き込まれてしまいました。

メキシコに行くには飛行機に乗るしかありません。その交渉はもちろん私が！　背中に「すごいねぇ、吉恵ちゃんて」という夫の視線を痛いほど感じながら。

あの新婚旅行から何度か夫と海外旅行をしました。あのときの薬が効きすぎたのか、今でもパスポートは私が管理。空港が近づくと、お任せムードが漂ってきます。

毎日の生活のイニシアティブを握っているのも、やはり私のようです。夫の名誉のために一言

添えると、そうさせてくれているのは、彼の優しさなのかもしれません。

イニシアティブにもまして良好な夫婦関係を続けていくのに大切なこと、それは**相手が大切にしていることを大切にする**ことではないでしょうか。お互い相手を思いやり、立てることです。

　私が夫に対して立てている最たるものは、仕事に関してです。開業医である夫に対して、私は一目も二目も置いています。夫が仕事の話をしたときは、絶対に「こうしたほうがいいんじゃない？」などと口出しせず、真摯に聞くことにしています。

　夫も私がするサロンの話などを聞きながら「たいしたもんだね～」と心から感心して耳を傾けてくれています。

　私が考えるナイスカップルの条件は、お互いがいち個人として自立していること。

本当の意味で自立している人は、自分のやりがいや生きがいを相手に求めません。

　あくまでも自分が満足できるかどうか、自分で自分を認められるかどうかが最大の関心事です。

　どちらかがどちらかに寄生するように寄りかかったりせず、互いにすっくと立ちながら手をつなぐカップルはとても素敵だと思うのです。

「小さな行き違いをマメに修正」が明るい未来への近道

育った環境も感じ方も違う男女が、一つ屋根の下で平穏に暮らすというのは、どう考えても難しいことですよね。

時には戦々恐々としてしまうこともあることでしょう。

だから私は心して、**互いの信頼関係に少しでもズレを感じたら、できるだけ早く話し合って微調整する**ようにしました。

「しました」と過去形の話になっているのは、結婚生活も四〇年近くなるとお互いのことがよくわかってきます。こんな言い方をしたら腹を立てるだろうとか、今はそっと黙って見ているほうがよさそうだとか、阿吽の呼吸で察知することができるようになったからです。

そんな私たちですが、結婚二〇年め頃までは、時には気持ちが行き違ったり、子育てに関して考え方が違ったり、何やら無性に腹が立ったりなど、時々ギクシャクして夫婦の間に黄色信号が灯ることもありました。

でも、たとえ小さな行き違いだったとしても、やり過ごさないことが肝心です。

小さなことをやり過ごしていると、それが積もり積もって、ある日大きなズレになります。時には取り返しのつかないことにもなりかねません。

「火は小さいうちに消せ！」です。

とは言っても、仕事や子育てに忙しくてなかなか時間や気持ちの余裕がもてない時期もあります。

そこでおすすめなのが、夜寝る前に三〇分だけ二人の時間を持つことです。毎晩が難しければ週に一回、それも難しければ二週に一回でも。

私の両親はいつも寝る前に二人でお酒を飲みながら語り合っていました。その習慣を私たちも受け継いだのですが、この二人で過ごすひと時が微調整にとても役に立ちました。

子育てが大変だった時代は、日中の出来事を一気にしゃべることで、気持ちが随分すっきりしました。夫にとっても、子どもたちの状況が把握できる有意義な時間だったようです。

もっとも愚痴を放り込まれるただの〝ディスポーザー役〟というのが本音だったのかもしれませんが……。

忙しい日常の中でつくり出す心を開いて向き合う時間。たった三〇分ですが、この積み重ねた時間があったおかげで、お互いのことがよくわかり合えたのだと思います。

最近は二人だけの大切な時間も様変わりをして、お互いに疲れてリビングでテレビを観ながら睡魔に襲われて撃沈なんてこともよくあるのですが……。

両親をまねて、夫婦で語らう時間をつくることを習慣にしています。

良好な夫婦関係を築くのは一生、壊すのは一瞬

息子が結婚する前に、「恋愛時代の愛情と結婚してからの愛情って違ってくるのかなぁ？」と、私に訊いてきたことがありました。

すでに結婚している先輩たちから、「恋愛中はキラキラしていても、結婚するとだんだんくすんでくるものだよ」などと聞かされて不安になっていたらしいのです。


確かに恋人時代、デートをする前には、オシャレをしてバッチリお化粧をした顔で鏡に向かい、何度も笑顔チェックをしたりしたものです。

でも結婚生活が始まるとそうはいきません。仕事や家事で疲れた一日の終わりになると、朝したお化粧も見事に土砂崩れ状態に。寝起きのとんま顔に、くたびれたパジャマ姿。そんな緊張感のかけらもないシーンを見せる機会が多くなるのが、結婚生活なのかもしれません。そう思うと確かにくすんでくるのかもしれませんね。

でも、たとえ外見はくすんだ状態を見せ合うことになっても、その**誰にも見せない姿を安心して見せ合うことができるのが、夫婦**だと思います。
お互いの前で鎧兜を脱ぎ捨て、素の自分をさらけ出しながら良好な関係を保っていけるのが、ナイスカップルなのではないでしょうか。
私の場合、夢がないようですが、夫とはお見合い結婚でした。お見合い一一回目に現れたのが

夫。因みに夫は初めてのお見合いだったそうです。

　私には四歳年上の姉がいるのですが、わずか一年足らずの結婚生活のあと、私が夫と出会う前にすでに離婚。目の前で結婚につまずいた人がいると色々と考えてしまうものです。

　そうして私が出した結婚に関する考えは、ちょっと変わったものでした。結婚って靴選びと一緒なんだということです。

　靴を選ぶとき、ヒールの高い見た目が素敵なものに惹かれがちですよね。でもイザ履いて歩いてみると……、裸足で駆け出したくなるほど履き心地が悪かったりした覚え、ありませんか？

　結婚も同じだと思うのです。たとえ見た目は悪くても、毎日履くにはちょっと幅広のヒールの低いパンプスがラクなように、**一緒にいてラク、心癒される、誠実な人であることが、一番大切**なんだと思うようになりました。

　とはいうものの、いくら一緒にいてラク、癒されるからと、いつもいつも緊張感のない姿ばかり見せていては、お互いにげんなり。どこか新鮮な空気を感じるカップルでいたい、と常日頃から思っている私です。

　たまには二人でお出かけしたり、夫が家にいる日にはお化粧をして、ちょっと可愛い恰好をしたりといった、**小さな努力の積み重ねが、二人の間に心地よい緊張感を生む**と思うのです。

　もともと他人の二人です。お互いの小さな努力なくしては、長い夫婦生活は上手くはいきません。

　その努力を怠って、お互いを尊重しあうことを忘れてしまうと、あっという間に夫婦関係は険悪になってしまいます。良好な夫婦関係を築くのは一生、壊すのは一瞬です。

おわりに

この本の中で「七割満足＝大満足」という言葉が何回か出てまいりましたが、「あら？」と思った方もいらっしゃるかと思います。

私が以前出版した『マダム市川の癒しの家事セラピー』の中では、「八割満足」を謳っていたからです。あれから数年のうちに一割引になりました。

考えてみると学生のとき、テストで〝80点〟が取れたら、親に堂々と見せることができました。〝70点〟のときには少し恐縮しながらも、「まぁまぁできたでしょ！」と自信をもって見せることができました。

歳を重ねるごとに、人生「まぁまぁ」が一番いいのではと思うようにどんどんなっていきました。家の中も「まぁまぁ」キレイ。お料理も「まぁまぁ」おいしい。夫婦関係も「まぁまぁ」よければ大満足。子育てだって、友だち関係だってそう。

そんなふうに思うと肩に入っていた力が抜けて、ラクに楽しく生活することができるようになりました。細かいことは気にせず、だいたいよければ全てよし!!

そんな気持ちで毎日の家事や子育て、夫婦関係や人間関係をとらえると、何気ない日常が、今まででよりずっと輝いて楽しく見えてきました。

でも「いつも七割なんて、結構ハードルが高いわ～」とお思いになった方もいらっしゃるかもしれません。

わが家も五割、三割、二割のときだってありますし、時には八割、九割のことも。それは日々、些細なことで変動します。あくまでも、平均七割だったら大満足ということです。

日々の生活は思うようにいかないことが多いもの。つい嘆きの言葉が口をついて出てきそうになります。そんなときにはぜひ、「七割、七割」と呪文のように呟いてみてください。

今まで足りない三割にばかり目がいっていたのが……、「まぁいいか！」とすでに手の中にある幸せに感謝する気持ちに変わります。これは私が何度も実証済みです。

この本をお読みくださった皆様にとって、「七割満足＝大満足」が魔法の言葉となり、たくさんの幸せが訪れることを願ってやみません。

十二月吉日

市川吉恵

市川吉恵《いちかわ・よしえ》

1952年、東京生まれ。「おしゃれな暮らし方サロン」主宰。慶應義塾大学文学部美学美術史学専攻を卒業後、アメリカ・オハイオ州ウースター大学に留学。帰国後、エグゼクティブな外国人を対象に日本語教師として活躍。結婚、2児の出産を経て、自宅で児童英語教室を開講、1997年より「エレガント・ハウスキーピングサロン」を始める。マダム市川の愛称で親しまれ、レッスンには全国から多くの女性たちが集まる。2001年より「気楽なおもてなしサロン」を新設。2006年、ホテル・リッツ・パリ「料理部門」でディプロマを修得。主な著書に『マダム市川のエレガントな暮らし』（KKベストセラーズ）、『マダム市川のエレガントなおもてなしレッスン』（主婦の友社）、『マダム市川の癒しの家事セラピー』（講談社）他。セミナーや、講演、テレビ出演、雑誌掲載など多数。

HP「マダム市川のおしゃれな暮らし方サロン」
http://www.madam-ichikawa.biz/

撮影／中川真理子
ブックデザイン／静野あゆみ（ハロリンデザイン）
イラスト／ナツコ・ムーン

幸せをよぶ　らく家事
完璧をめざさない魔法のエレガントライフ
2016年12月17日　初版第1刷発行

著　　者　市川吉恵

発 行 者　藤木健太郎
発 行 所　清流出版株式会社
〒101-0051
東京都千代田区神田神保町3-7-1
電話　03-3288-5405
編集担当　松原淑子
http://www.seiryupub.co.jp/
印刷・製本　大日本印刷株式会社

乱丁・落丁本はお取替えします。
ISBN 978-4-86029-457-1